J'ai décidé de faire confiance

Comment bien s'entendre avec tout le monde... ou presque

Groupe Eyrolles
61, bd Saint-Germain
75240 Paris Cedex 05

www.editions-eyrolles.com

Avec la collaboration d'Anne Jouve

ISBN : 978-2-212-56046-6

Fabien Éon

J'ai décidé de faire confiance

Comment bien s'entendre avec tout le monde... ou presque

EYROLLES

Remerciements

Je veux remercier ici mes confrères et amis médiateurs professionnels qui ont contribué à la rédaction de ce livre.

Je pense en particulier à mes collègues du centre de médiation Diapason à la Défense, à Anne Plomb et à nos discussions dans ce petit restaurant coréen du Marais, à Henri Sendros-Mila et aux situations conflictuelles qu'il a bien voulu me prêter et dont je me suis inspiré, à Christophe Carré, Didier Sébilo et Jérôme Messinguiral pour leur travail de relecture, amical et sans concessions.

Je remercie tout particulièrement Jean-Louis Lascoux qui m'a formé à la médiation professionnelle et qui m'a accompagné tout au long de ce travail de structuration et de présentation des principes de la qualité relationnelle.

Table des matières

Introduction

Pourquoi la vie de Quentin Frémont est-elle si compliquée ? Il rencontre des conflits avec sa femme, ses enfants, ses fournisseurs, ses collègues, ses voisins… Il les gère au mieux, à défaut de les résoudre, en utilisant les procédés qu'il connaît, ceux qu'il a toujours appliqués : argumenter, expliquer, persuader, conseiller ou faire la morale. Il s'appuie sur des règles ou sur son bon sens. En dernier recours, il impose. Il fait tout cela avec bienveillance, autant que possible, n'usant du rapport de force qu'après avoir épuisé tous les autres moyens. Ou sa patience. Quentin ne sait pas pourquoi ses relations se détériorent, quels sont les mécanismes en jeu.

Si vous aussi vous rencontrez des difficultés relationnelles et en avez assez de subir le fonctionnement de vos relations, cet ouvrage vous donnera des repères. Les mésaventures de Quentin seront autant d'occasions d'observer les relations et leur dégradation, d'en tirer des enseignements pour agir.

Quentin est, tout comme vous sans doute, puisque vous tenez ce livre entre vos mains, en quête de relations humaines plus harmonieuses, d'une meilleure maîtrise de soi. Il chemine sur la voie de la raison, difficile, certes, mais aussi créative, car la raison est l'outil le plus précieux dont nous disposons. Elle émerge, solitaire, au milieu du feu d'artifice permanent de nos émotions. Quentin est accompagné dans sa quête par Antoine, spécialiste de la qualité relationnelle. Médiateur professionnel, il est à la fois proche de Quentin et à distance de ses émotions. Il l'aidera, dans son cheminement, à trouver des repères et des réponses à ses questions.

La réflexion que je vous propose est un chemin vers la liberté la plus importante de toutes : la liberté de penser. Elle est porteuse d'une discipline de la relation initiée et développée depuis les années 1980 par Jean-Louis Lascoux. C'est une méthode pour acquérir une maîtrise de ses emportements et se construire une philosophie de la vie. Et parce qu'elle concerne la relation, elle accompagne un véritable projet de société en interpellant les systèmes d'autorité et en ouvrant la voie à la reconnaissance du droit à la libre décision, au même titre que le droit à l'éducation.

Je vous souhaite autant de plaisir à lire cet ouvrage que j'en ai eu à l'écrire.

Chapitre 1

Les composantes du conflit

Lundi 4 novembre, 8 h 25

Cette fois, Quentin ne s'est pas laissé faire.

Les enfants, prostrés sur le siège arrière, ont des mines renfrognées qui rappellent l'altercation qui s'est déroulée le matin même.

Lucien semble particulièrement mécontent. Il a, selon lui, reçu plus que sa part des coups. Laure, sa grande sœur, a collé ses écouteurs sur ses oreilles. Elle semble ailleurs. Sa mère ne l'a pas ménagée, elle non plus.

La présence de Noémie, sa femme, sur le siège passager, pèse sur l'humeur de Quentin. Sans avoir besoin de la regarder, il visualise très bien la tête qu'elle fait, le visage endurci par la colère contenue, le regard fixé sur la route droit devant. « Elle a la tête de sa mère quand elle est en colère », pense-t-il.

Premier arrêt devant l'immeuble où travaille Noémie. En sortant de la voiture, elle lance froidement un « À ce soir » auquel personne ne répond, claque la portière et s'éloigne à grands pas sans se retourner.

Deuxième arrêt, le collège de Laure. La jeune fille descend sans dire un mot, jette son sac sur son dos et prend d'un pas résolu la direction du bâtiment.

Quentin se retourne vers son jeune fils.

— Ça va, bonhomme ?

— Non, ça ne va pas, répond-il, bougon. Je la déteste !

— Ça ira mieux ce soir.

— Tu parles, elle sera toujours en colère !

— C'est plutôt contre moi qu'elle était en colère, le rassure Quentin en redémarrant.

— Et bien sûr, c'est sur moi qu'elle tombe.

— Tu sais bien qu'elle s'en prend à tout le monde quand elle est énervée.

Il conduit en silence jusqu'à l'école élémentaire de son fils. Quand il arrête la voiture, le garçon se penche pour lui faire un petit câlin discret, puis descend à son tour.

Resté seul, Quentin pose ses deux mains sur le volant et prend une profonde inspiration pour se calmer.

— Allez, se dit-il tout haut. Il y a une journée à faire.

Il enclenche la première et prend la direction de son travail.

Même jour, 9 h 10

La facture de Denis Josse attend Quentin sur son bureau. Il pose son café, enlève son manteau et allume son ordinateur. Il va faire une réponse ferme, comme l'avocat le lui a conseillé.

Éric Tussaut, directeur de TB Logistics, passe la tête dans l'entrebâillement de la porte.

— Salut Quentin. Où en est l'affaire Josse ?

— Salut Éric. Je l'ai eu hier au téléphone. Je crois que l'on va au procès.

— Il n'a rien voulu savoir ?

— Non. Je lui ai dit que l'on ne paierait pas cette facture ridicule, qu'il fallait qu'il arrête de nous prendre pour une vache à lait. Il m'a répondu que ce n'était pas de sa faute si l'on ne savait pas compter, qu'il ne fallait pas compter sur lui pour travailler à l'œil et qu'il ne ferait plus rien tant qu'il n'aurait pas été payé.

— Mince, quelle tête de mule ! Tu vois avec l'avocat ?

— Oui, je fais une réponse officielle à Josse et je transmets tout le dossier à Me Gervais.

— Et pour le site, alors ?

— On est bloqués du coup. On n'a pas tous les éléments pour le mettre en ligne.

— C'est embêtant. Tu me tiens au courant ?

Quentin cumule plusieurs fonctions dans son entreprise de logistique. Il est à la fois directeur des ressources humaines et directeur administratif et financier. Six mois plus tôt, il a choisi Josse comme webdesigner freelance pour actualiser le site vieillissant de la société, peu adapté à l'image que l'entreprise veut donner à ses clients. Josse était le seul à entrer dans son budget, raison pour laquelle il l'a choisi. Aujourd'hui, Quentin s'en mord les doigts.

Depuis quelque temps, la relation avec ce prestataire s'est dégradée. Son travail est correct, mais il est souvent en retard. Et le plus agaçant, c'est le ton qu'il utilise pour parler à Quentin, mi-accusateur, mi-moqueur. Il a toujours l'impression que Josse se fiche de lui, le prend de haut ou cherche à le mettre en faute.

Le problème de la facture est que Josse veut se faire payer 70 000 euros pour un devis initial de 15 000 euros qui portait sur une dizaine de pages et une cinquantaine d'illustrations. Il est vrai que le projet a pris de l'ampleur au fil du temps, mais de là à multiplier la facture par cinq !

Quentin pousse un soupir, s'installe devant son clavier et commence à taper sa réponse.

Même jour, 19 h 02

Le soir tombe. Quentin prend son manteau et quitte le bureau pour se rendre au ping-pong, comme tous les lundis soirs. « Noémie a dû récupérer les enfants, se dit-il en regardant sa montre. J'espère qu'elle s'est un peu calmée. »

Antoine l'attend.

— Salut, dit-il d'un ton enjoué. Comment ça va ?
— On fait aller. J'ai un fournisseur qui me casse les pieds, et c'est un peu tendu à la maison.
— Avec Noémie ?
— Oui, il y a des hauts et des bas. En ce moment, c'est plutôt bas. Mais tout va très bien entre les enfants et moi, ça compense.
— Et entre eux et Noémie ?
— C'est pas terrible. Quand elle est de mauvaise humeur, elle les gronde pour un oui ou pour un non. Je les aide à passer l'orage, mais ça ne fait pas tout…

— Tu les aides à passer l'orage ?
— Oui, à prendre du recul pour mieux supporter l'agressivité de leur mère, ses violences verbales, pour qu'ils ne les vivent pas comme un traumatisme.
— Ce que tu dis, c'est que tu t'efforces de limiter les dégâts psychologiques que ta femme inflige à tes enfants…

Quentin s'approche de la table de ping-pong. Antoine est un ami de longue date, l'une des rares personnes à pouvoir lui parler de manière aussi directe. Il est médiateur professionnel, spécialiste de la qualité des relations humaines. Quentin apprécie sa conversation, le fait qu'il ne prenne pas de gants pour dire les choses de manière claire et précise, même si c'est parfois un peu rêche. Le fait aussi qu'il l'aide à réfléchir sans jamais le juger.
— Hum ! Je n'aime pas cette manière de voir les choses… Mais c'est étonnant, ce que tu dis là. Elle m'a fait le même reproche ce matin.
— Ah, tiens… Elle t'a peut-être aussi reproché d'utiliser les enfants pour régler tes comptes avec elle ?
— Pas cette fois, mais c'est arrivé. Qu'est-ce qui te fait dire ça ?
— Tu es marié avec elle, tu as fait des enfants et tu les éduques avec elle, c'est avec elle que tu couches…
— Justement, ça n'arrive plus très souvent. Point de vue sexe, nous sommes en dessous du minimum vital.
— Vos rapports sont limités de ce côté-là aussi…
— Plutôt, oui. Nous avons eu une dispute, ce matin. À propos d'une futilité : je n'ai pas eu le temps de vider le lave-vaisselle. Du coup je n'y ai pas mis la vaisselle sale du petit déjeuner.

— Et elle attendait que tu le fasses…

— Oui. Le matin, elle ne mange pas. Je prends mon petit déjeuner avec les enfants, puis nous mettons la vaisselle dans le lave-vaisselle. Mais souvent, nous sommes un peu pressés. Aujourd'hui, je n'ai pas eu le temps de vider la machine et j'ai mis la vaisselle sale dans l'évier. Tu aurais vu sa colère ! Pourtant ce n'est pas si important, il me semble.

— Cela te paraît peu important. Et tu le lui as fait remarquer…

— Évidemment ! Je lui ai dit que ce n'était pas si grave, pas au point de nous polluer la journée, que c'était insupportable ! D'habitude, je laisse passer, je fais le travail et on n'en parle plus. Mais ce matin, j'ai voulu marquer le coup, qu'elle comprenne que les enfants et moi, on en a marre de subir ses remarques agressives pour des choses insignifiantes. Tu aurais vu sa réaction ! On en a tous pris pour notre grade.

— Il lui arrive aussi de négliger des tâches qui sont dans ses attributions ?

Quentin réfléchit un instant.

— Pour autant que je m'en souvienne, non. Mais je suis sûr que c'est arrivé.

— Mais pas assez souvent pour que tu t'en souviennes. Ce que tu dis là, c'est que tu peux compter sur elle, mais que de son côté elle a du mal à en dire autant. L'enjeu n'est peut-être pas qu'une question de vaisselle mal rangée…

— Hum. Peut-être.

— Et les enfants…

— Ah ! ils ne se sont pas privés de lui dire ce qu'ils pensaient ! Ils en ont marre, eux aussi !
— En somme, c'était plutôt conflit au petit déj', ce matin.
— Oui. En ce moment, on n'est pas d'accord sur grand-chose.
— Ce que tu décris c'est plus un conflit qu'un désaccord.
— Tu fais une différence ?

Conflit ou désaccord ? Avant tout une relation

Ce qu'Antoine explique à Quentin, c'est qu'un conflit n'est pas constitué des mêmes éléments qu'un désaccord. Il y a dans le conflit une dimension supplémentaire absente du désaccord : les émotions. Ce qui incite Noémie à entrer en conflit avec Quentin ce matin-là, ce sont ainsi ses émotions, la frustration, l'humiliation.

Il ne faut pas oublier qu'un conflit est avant tout une relation. Dégradée, certes, mais malgré tout encadrée par des règles, des principes, un accord. Cette dimension est toujours présente dans la relation entre deux personnes, aussi hostile soit-elle. Car si les personnes n'étaient pas d'accord pour être en rapport l'une avec l'autre il n'y aurait pas de relation, et donc pas de conflit.

En observant les conflits, on trouve trois points communs, invariants, qui font évoluer toute relation conflictuelle dans trois dimensions.

- La dimension juridique : ce qui fonde la relation.
- La dimension technique : les intérêts en jeu.
- La dimension émotionnelle : les affects, les ressentis.

La dimension juridique du conflit

Le terme « juridique » ne renvoie pas à la justice ou au droit. Il est utilisé ici dans le sens plus large de la régulation des relations entre les personnes. Entre Noémie et Quentin, il existe ainsi un contrat sur la répartition des tâches du matin, un accord qui régule ce moment particulier de leur quotidien. Cet accord n'est ni bon ni mauvais en soi, il est un simple référentiel commun. Rien n'interdit de s'en affranchir selon les circonstances, ou d'en changer s'il ne convient pas.

Derrière tout conflit, il existe donc un ensemble de règles qui constituent le premier élément invariant du conflit. Ce cadre n'est pas toujours formalisé, ni même explicité. Ainsi, outre l'organisation du petit déjeuner, d'autres éléments de nature juridique apparaissent dans la relation de nos deux protagonistes. La nécessité d'élever les enfants, par exemple, implique de se mettre d'accord sur un modèle de vie sociale, d'éducation, sur une organisation. De manière plus générale, le choix de vivre ensemble a créé entre eux un contexte de nature juridique.

La dimension technique

Quentin n'a pas l'impression d'avoir transgressé une règle capitale en négligeant le rangement de la vaisselle. Ce qu'il omet, c'est que Noémie devra s'y mettre le soir. Le véritable enjeu est donc le temps qu'elle passe à faire ce que lui ne fait pas, en dépit de leur accord sur la répartition des tâches.

Par ailleurs, il parle de donner à ses enfants des outils pour « supporter l'agressivité de leur mère ». Mettons-nous à la place de Noémie. Comment peut-elle bien percevoir ces interventions auprès de Laure et de Lucien ? Une atteinte à sa crédibilité, à son autorité, pour le moins. En croyant aider ses enfants, Quentin complique donc la relation qu'ils entretiennent avec leur mère. Un autre enjeu de leur conflit est donc la qualité du rapport que Noémie entretient avec ses enfants.

Ces exemples illustrent la dimension technique du conflit : les enjeux, les intérêts, les besoins, les attentes des personnes. Le temps que passe l'une à faire ce que l'autre ne fait pas, les difficultés que la mère rencontre avec ses enfants pour avoir leur confiance et leur faire passer son message éducatif.

La dimension émotionnelle

À ce stade, Quentin et Noémie rencontrent des divergences de points de vue. Ils pourraient se parler pour adapter les règles, en trouver de nouvelles pour régler leurs désaccords. S'ils n'y parviennent pas, c'est en raison de la dimension émotionnelle de leur conflit. Au fur et à mesure de la dégradation de leurs rapports, ils ont rencontré de plus en plus d'obstacles pour communiquer pacifiquement, sans se disputer. Leur capacité à discuter et à raisonner s'est ainsi trouvée réduite par la présence des émotions conflictuelles, qui proviennent par exemple de l'agacement de Noémie voyant que son mari semble attacher plus d'importance à son propre temps qu'au sien.

Les émotions, colère, peur, frustration, humiliation, ressentiment, accompagnent immanquablement le conflit.

Les trois invariants juridique, technique et émotionnel sont également présents dans le conflit entre Quentin et Denis Josse. Petit rappel : TB Logistics a signé un contrat avec lui pour refaire le site Internet de l'entreprise. Le projet prévoyait une dizaine de pages Web avec une cinquantaine d'illustrations, pour un budget total de 15 000 euros. Josse a finalement facturé 70 000 euros et TB Logistics refuse de payer. Observons les trois dimensions.

La dimension juridique de ce conflit est constituée de tous les éléments réglementaires qui encadrent la relation : le contrat essentiellement, mais aussi le Code du commerce.

La dimension technique diffère selon les protagonistes. Pour le webdesigner, l'enjeu immédiat est de toucher l'argent correspondant au travail qu'il a réalisé. Pour TB Logistics, c'est de disposer d'un site modernisé permettant à l'entreprise de mieux communiquer sur Internet avec ses clients ou futurs clients. Quant à Quentin, l'enjeu est de tenir le budget qui lui a été alloué pour ce projet.

La dimension émotionnelle est en revanche la même : Quentin et Josse sont tous les deux en colère. Quentin trouve cavalière la manière de faire de Josse et s'agace que l'entreprise puisse être prise pour une vache à lait. Josse, lui, se sent frustré, et a le sentiment de ne pas être considéré à sa juste valeur.

C'est là encore la dimension émotionnelle du conflit qui pollue la relation entre Quentin et Denis Josse. Tant qu'ils ne la prendront pas en compte, ils auront bien du mal à se parler calmement et à trouver une solution aux désaccords techniques qui ont surgi dans leur collaboration.

L'essentiel : le JTE

Tout conflit comprend trois composantes invariantes : juridique (J), technique (T) et émotionnelle (E). L'importance relative de ces différentes composantes permet d'identifier trois profils de conflit : les conflits à dominante juridique, les conflits à dominante technique et les conflits à dominante émotionnelle.

Les conflits à dominante juridique

Lorsque la dimension juridique est la plus importante, on parle de *contentieux*. C'est le cas par exemple lors d'un accrochage entre deux voitures : il y a peu de dégâts, personne ne se fâche, mais il faut se mettre d'accord sur les responsabilités en fonction des règles du Code de la route et des circonstances. La dimension émotionnelle peut évidemment varier selon les personnes, mais elle reste le plus souvent faible dans ce type de situations.

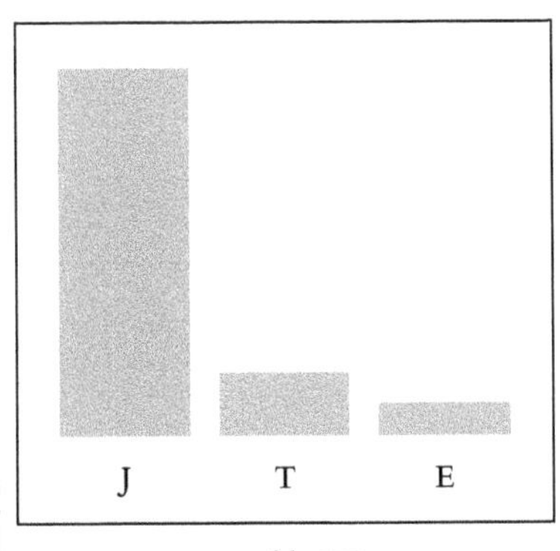

Profil JTE

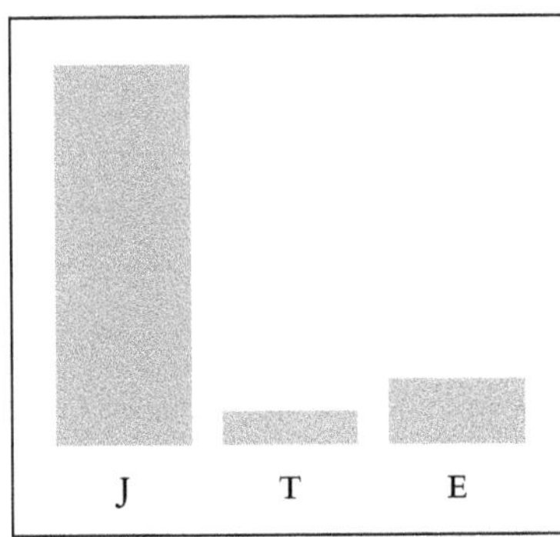

Profil JET

Les conflits à dominante technique

Si la dimension technique prédomine, on parle de *litige*. Lorsque nous ne parvenons pas à entendre les informations du soir à la télévision parce que notre ado écoute de la musique à plein volume, il y a litige : le contexte n'est pas juridique, et il est possible de discuter sans débordements émotionnels.

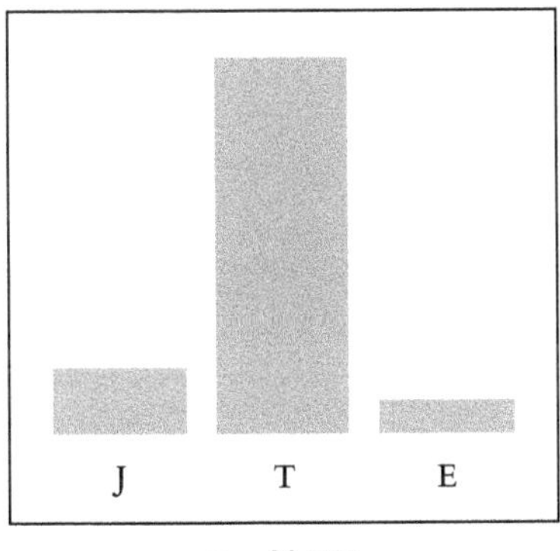

Profil TJE

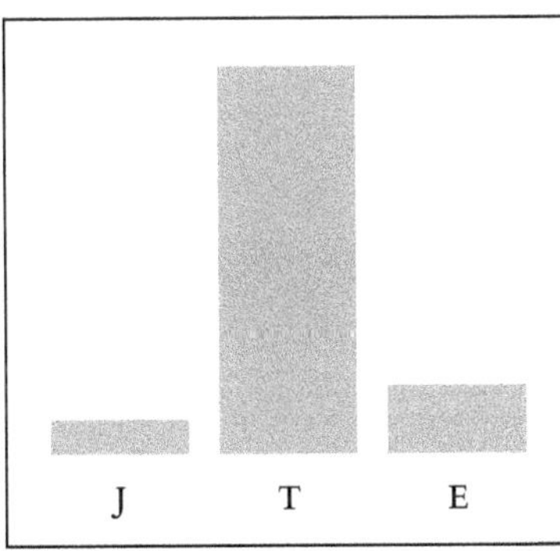

Profil TEJ

Les conflits à dominante émotionnelle

Dans les profils de conflits évoqués jusqu'à maintenant, la dimension émotionnelle est faible. Mais lorsque la communication dérape, elle peut tout à fait prendre le pas sur les autres. C'est dans ce cas que l'on parle de *conflit*.

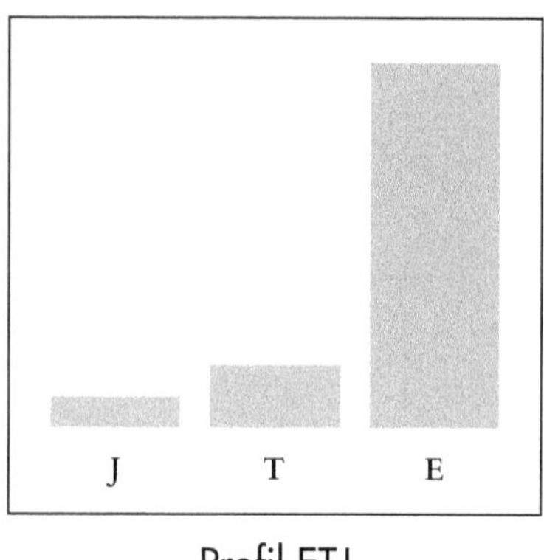

Profil ETJ

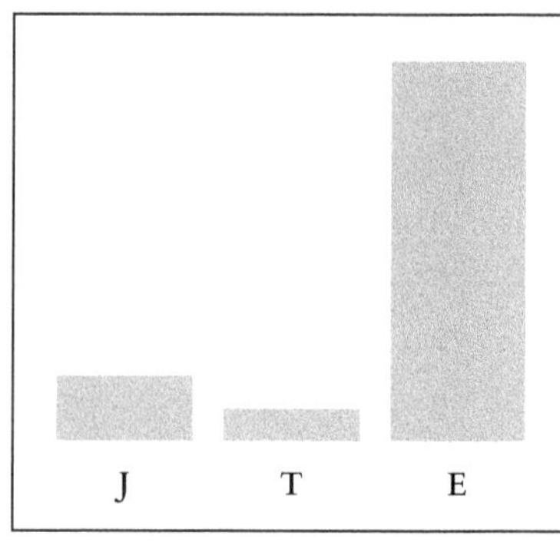

Profil EJT

Cette modélisation offre une prise sur le conflit car elle permet d'identifier la composante sur laquelle il est pertinent d'intervenir en premier. Lorsque la dimension émotionnelle est fortement présente, c'est par elle qu'il faut commencer. C'est ce que nous allons aborder au chapitre suivant.

Exercice : identifiez le JTE

Maintenant que vous vous êtes familiarisé(e) avec les composantes JTE, voyons si vous saurez les identifier dans les situations présentées ci-dessous.

1. Conflit au travail

Pendant que Sibylle était en congé maternité, les bureaux ont été réorganisés. À son retour, elle constate que son nouvel espace de travail est plus petit, moins lumineux et plus éloigné du centre névralgique de l'entreprise. Elle est en colère, et persuadée que certaines personnes ont intrigué contre elle. Elle se renseigne donc sur ses droits pour savoir dans quelle mesure ils ont été bafoués, puis va se plaindre auprès de son supérieur hiérarchique. Celui-ci argue de contraintes inhérentes au fonctionnement du service, indépendantes de sa volonté. Elle menace de poursuivre l'entreprise aux prud'hommes.

J :

T :

E :

2. Conflit personnel

Raymonde est en conflit ouvert avec sa fille qui lui reproche de trop s'immiscer dans sa vie familiale. Raymonde trouve qu'elle éduque mal ses enfants. Depuis deux ans, elle ne voit pratiquement plus ses petits-enfants. Lors de leur dernière entrevue, sa fille lui a dit qu'elle n'attendait qu'une chose : qu'elle meure pour pouvoir récupérer l'héritage et en faire profiter sa famille.

J :

T :

E :

3. Litige commercial

La société ADS fournit des équipements et des services à une entreprise de signalisation routière. Pour s'adapter à une évolution réglementaire, ADS modifie certains de ses produits et augmente les prix en conséquence. Le responsable de la société cliente y voit un abus, d'autant que les hausses de prix n'ont fait l'objet d'aucune information. Par mesure de rétorsion, il retarde le règlement des factures, mettant en péril la trésorerie d'ADS. Les services juridiques sont saisis de part et d'autre.

J :

T :

E :

Solution

1. Conflit au travail

La dimension juridique est ici multiple : le droit du travail, le règlement intérieur de l'entreprise, le contrat de travail de Sibylle.

La dimension technique réside dans la perception qu'a Sibylle de son environnement de travail, qu'elle juge moins confortable qu'auparavant.

La dimension émotionnelle est alimentée par le soupçon (on a profité de son absence), la frustration (ses conditions de travail se sont dégradées), la rancœur liée au sentiment que son travail n'est pas apprécié, au manque de reconnaissance.

2. Conflit personnel

La dimension juridique est constituée par le lien familial qui unit Raymonde à ses petits-enfants, l'existence de droits de visite, la perspective de l'héritage et les modalités de son règlement.

La dimension technique tient au désaccord sur l'éducation des enfants, la répartition des rôles entre mère et grand-mère. Pour Raymonde, le fait de ne plus voir ses petits-enfants est aussi un enjeu fort. L'héritage entre également dans la dimension technique.

Les émotions du côté de la fille sont un sentiment de disqualification (sa mère la juge incompétente pour éduquer ses enfants), le manque de confiance. Pour Raymonde, c'est la frustration de ne plus voir ses petits-enfants, le constat qu'ils ne sont pas éduqués comme elle le souhaiterait.

3. Litige commercial

La dimension juridique réside dans le contrat signé entre ADS et son client avec en toile de fond le Code du commerce, ainsi que les contraintes réglementaires propres au secteur de la signalisation routière.

Les éléments techniques sont l'augmentation de prix par ADS, l'allongement des délais de paiement par son client.

La dimension émotionnelle tient ici à la manière un peu cavalière dont le client estime être traité par ADS. C'est donc de frustration qu'il s'agit, du sentiment de se voir imposer une décision dans laquelle il aurait dû être impliqué. Pour ADS, c'est peut-être le sentiment que son client cherche un prétexte pour améliorer sa trésorerie sur son dos. Dans les deux camps, la confiance s'est dégradée.

Chapitre 2

Comment aborder un conflit

Vendredi 8 novembre, 14 h 15

Quentin compose le numéro de Thierry Hamelin, directeur commercial d'EAL, l'entreprise chargée de l'aménagement intérieur du nouvel entrepôt de TB Logistics à Saint-Étienne. Le responsable du lieu l'a appelé plus tôt dans la journée pour le prévenir qu'il n'était pas prêt à recevoir les aménagements intérieurs et qu'il fallait décaler la livraison et l'installation des nouveaux équipements. « C'est malin de me prévenir au dernier moment, maugrée Quentin. Comme s'il ne l'avait pas vu venir de loin, ce retard. La négociation va être compliquée, avec EAL. »

La conversation avec Thierry Hamelin se tend rapidement lorsque Quentin évoque les difficultés de planning.

— Le problème, c'est que nous avons déjà commandé les fournitures et mobilisé le personnel pour réaliser les travaux, s'emporte le directeur commercial d'EAL. Vous auriez dû me prévenir plus tôt, je ne peux plus faire marche arrière.

— Je comprends, répond Quentin. C'est fâcheux. Mais encore une fois, l'entrepôt ne sera prêt que dans trois semaines.

— Vous comprenez peut-être, mais moi je ne comprends pas ! Nous avons établi un calendrier sur lequel vous étiez d'accord. Comment se fait-il que maintenant il ne vous convienne plus ? Il faut m'expliquer, là !

— Nous avons d'autres sous-traitants qui interviennent avant vous. Certains ont pris du retard et ceux qui suivent sont décalés. Nous ne contrôlons pas leurs calendriers.

— Ça, ce n'est pas mon problème. Vous avez signé un bon de commande avec des délais fixés, maintenant il faut y aller.

— C'est un cas de force majeure. Le bâtiment n'est pas encore sécurisé, même si vos personnels y allaient, ils ne pourraient pas entrer. Je vous rappelle que c'est une clause suspensive de la commande.

Tout en parlant, Quentin repense à sa conversation avec Antoine. Les trois composantes du conflit… Quelles sont-elles dans cette situation ? Il les recherche mentalement.

« Pour la dimension juridique, c'est facile, c'est le contrat avec EAL ; et le bon de commande signé. La dimension technique ? Le retard sur le chantier de l'entrepôt, le coût pour le fournisseur. Pour la dimension émotionnelle… » Quentin a bien senti que son interlocuteur était énervé, ou alors c'était du cinéma pour l'impressionner et mieux négocier d'éventuelles compensations. Cette pensée l'agace. « Voilà que je m'énerve aussi », se morigène-t-il.

Quentin se souvient qu'Antoine a précisé que le conflit se règle en purgeant d'abord la composante émotionnelle. Ensuite, on peut traiter la dimension technique. « Mais je me vois mal aborder cette question des émotions avec Thierry Hamelin ! Purger les émotions, tu parles d'une recette... Avec le ton accusateur qu'il utilise, en plus. Comme si c'était de ma faute, si le chantier a pris du retard ! Cela dit, je peux déjà contrôler les miennes, d'émotions. »

Faisant un effort pour contenir son irritation et se concentrer sur les intérêts en jeu, il reprend :

— De toute façon, nous n'avons pas le choix. Nous sommes aussi coincés que vous.
— Facile à dire, ce n'est pas vous qui avez un stock d'équipements et une équipe complète sur les bras !

« La dimension technique », se force à penser Quentin pour lutter contre l'agacement.

— Mais qu'attendez-vous, à la fin ?
— Eh bien que vous me payiez le surcoût pour le stockage et les personnes au chômage technique, répond Thierry Hamelin.
— Ben voyons ! Vous savez très bien que les contraintes de sécurité sont une clause suspensive et que rien ne m'oblige à vous payer tant que les travaux ne sont pas faits.
— C'est ce qu'on va voir ! Je vais en parler à mon service juridique.

Il raccroche au nez de Quentin.

« Pas très au point, la méthode d'Antoine, pense ce dernier en raccrochant à son tour. On en reparlera. »

Mercredi 13 novembre, 14 h 15

— Bonjour !

La tête blonde et ébouriffée de Tiphaine est dans l'entrebâillement de la porte du bureau de Quentin. La jeune femme travaille au service commercial de TB Logistics. Depuis quelque temps, sa relation s'est dégradée avec Jean-Marc, son supérieur hiérarchique et chef des ventes du marché industriel.

— Bonjour Tiphaine.

— Je peux te déranger cinq minutes ?

« C'est déjà fait », murmure Quentin par-devers lui.

— Si tu veux, mais j'ai un rendez-vous téléphonique dans trente minutes…

Il se méfie un peu. Chaque fois que Tiphaine veut lui parler cinq minutes, cela finit par durer une heure.

— Merci, dit la jeune femme en s'asseyant face à Quentin. J'ai quelques soucis avec Jean-Marc.

— Encore ? Il y a deux semaines, vous étiez en désaccord sur l'horaire de la réunion de service du lundi matin. Cela ne t'arrangeait pas comme tu dois amener ta fille à l'école. Nous avons résolu ce point, non ?

— Oui, il l'a décalé d'une heure et c'est mieux.

— Et le mois dernier c'était quoi, déjà ? Un problème d'appel d'offres, je crois ?

— Oui, il voulait absolument que j'aille avec lui voir un client potentiel alors que j'avais un appel d'offres urgent à boucler. Il n'avait aucun besoin de moi.

— Il souhaitait que tu viennes parce que tu as plusieurs clients similaires dans ton portefeuille. Tu es allée quand même avec lui, et nous revoyons ce client la semaine prochaine. C'est plutôt positif.

— Bah, cela n'aurait rien changé si je n'y étais pas allée.

— Oui, bon, peut-être. Et cette fois, qu'est-ce qu'il y a ?

— Il y a qu'il veut me donner une partie du secteur nord-est. Mais cela ne m'arrange pas, c'est loin de chez moi et j'ai déjà pas mal à faire sur mon secteur. En plus, c'est du côté de chez Franck. Je ne comprends pas pourquoi il ne le lui donne pas, plutôt, et me laisse le mien.

— Ce n'est pas Jean-Marc, justement, qui s'occupe du secteur nord-est ?

— Si, mais il dit qu'il n'a plus le temps de superviser l'équipe, qu'il passe trop de temps sur les routes. Et puis je n'ai pas spécialement envie de travailler avec lui, je le vois assez comme ça.

« JTE, se remémore Quentin. Juridique ? Je ne vois rien de juridique là-dedans. Ni de spécialement émotionnel. C'est donc un problème plutôt technique. »

— Donc, il veut te donner des clients qui ne sont pas dans ton périmètre géographique, et tu préférerais qu'il les donne à Franck.

— Voilà. Je ne vois pas l'intérêt de…

— OK, OK, j'ai compris. Et c'est tout ?

— Oui, c'est tout. Tu veux autre chose ? répond la jeune femme avec humeur.

— Moi je ne veux rien, je fais en sorte de satisfaire les uns et les autres. En même temps, c'est plutôt un problème d'organisation du service commercial qu'une question RH. Mais bon, je lui en parlerai. Cela te convient ?

— Oui, répond Tiphaine en se levant. Merci.

— Allez, bon courage.

« Pas très compliqué, sur ce coup-là, se dit Quentin. Un conflit avec une seule dimension technique et une solution technique. »

Dimanche 17 novembre, 9 h 15

Ce matin, comme souvent le dimanche, Quentin prépare le repas de midi. Laure veut participer et s'est déjà attelée à la confection d'un gâteau, une recette trouvée sur Internet avec quelques améliorations de son cru. Lucien tourne autour.

— Oh, je peux le faire ? demande le garçon en voyant Laure casser une plaque de chocolat.

— Non, dégage ! répond sa sœur. C'est moi qui fais le gâteau. Tu n'as qu'à aider papa à faire autre chose.

— Non ! Je veux faire le gâteau !

— La dernière fois que tu m'as aidée, tu as tout fait rater.

— C'est pas vrai !

— Fiche moi la paix !

— Papa, elle ne veut pas que je l'aide, Laure.

— Tiens, commence Quentin, j'ai d'autres choses pour toi…

— Non, c'est le gâteau que je veux faire !

— Laure, tu veux bien le laisser participer ?

— Pas question ! C'est mon gâteau et ma recette. Je n'ai pas besoin de lui.

« Cela me paraît un peu émotionnel, ici, observe Quentin. La dimension technique ? Casser le chocolat… Hum ! Pour en manger un bout au passage. Ou pour avoir le droit de lécher les plats à la fin. Et du côté de Laure ? Elle veut faire le gâteau toute seule, comme une grande. Pas vraiment de dimension juridique. »

— Toi, Lucien, tu auras peut-être envie de lécher les plats à la fin, non ?

— Ah ! oui, bien sûr !

— Et toi, Laure, tu veux décider toute seule comment faire le gâteau…

— Exactement.

— Voilà ce que je vous propose. Toi, Laure, tu laisses Lucien t'aider, et c'est toi qui lui dis ce qu'il faut faire. Et toi, Lucien, tu fais exactement ce que Laure te demande. Et à la fin, vous lécherez chacun la moitié des plats. Cela vous va ?

— Pff…, bougonne Laure, comme si j'avais besoin de lui dans les pattes.

— Mouais…, répond Lucien, que l'idée de partager les plats à lécher n'enchante guère. Mais t'as pas intérêt à prendre ma part.

— C'est comme ça et pas autrement, sinon, pas de gâteau, menace Quentin.

Les enfants se remettent au travail en ronchonnant un peu, mais rapidement, la bonne humeur reprend le dessus.

Lundi 18 novembre, 19 h 35

— Salut, dit Antoine en enlevant son manteau. Tout va bien ?

— Très bien, répond Quentin, qui a préparé la table de ping-pong et attend en consultant ses derniers e-mails sur son smartphone. Et toi ?

— Très bien aussi. Tu as résolu ton problème avec Noémie ?

— Bof. Si l'on veut. Nous n'en avons pas reparlé. C'était un peu crispé le soir même. Et puis les choses se sont tassées. En revanche, j'ai brillamment résolu un conflit, hier, entre Laure et Lucien.

— Raconte.

Ils commencent à échanger quelques balles.

— Je préparais le déjeuner du dimanche midi avec les enfants. Laure voulait faire un gâteau au chocolat. Lucien a voulu participer mais elle n'était pas d'accord. J'ai repensé au JTE, j'ai cherché les composantes juridique, technique et émotionnelle du conflit.

— Et tu les as trouvés ?

— Je pense bien ! La dimension émotionnelle était forte. Ils se disputaient, ils étaient énervés tous les deux. Pour la partie technique, Laure voulait faire toute seule son gâteau et l'objectif principal de Lucien était de lécher les plats après avoir donné un petit coup de main ici et là.

— Tout cela, tu le vois dans la dimension technique ?

— Oui. Et pour la partie juridique, je n'ai rien vu de spécial.

— Rien dans la dimension juridique… Tu as dit tout à l'heure que tu avais brillamment résolu la situation.

— Oui. J'ai proposé une solution : Lucien participait mais c'est Laure qui donnait les instructions. Et à la fin ils partageaient le léchage des plats. C'était cela ou pas de gâteau. C'était parfaitement équitable, et ils sont tombés d'accord.

— Et le résultat ?

— Pas mal. Lucien en a eu vite marre, et à la fin Laure n'a pas vraiment apprécié de lécher les plats. Elle commence à surveiller sa ligne. Mais il n'y a pas eu d'autre dispute.

— Et le chat croqua la belette et le petit lapin.

— Hein ? Qu'est-ce que tu veux dire ?

— Tu as résolu un conflit essentiellement émotionnel en imposant une solution technique qui ne convenait à personne, fondée sur un principe juridique. Dans la fable, la belette et le petit lapin soumettent leur différend au chat qui les met d'accord en les dévorant tous les deux. Équitable, à défaut d'être satisfaisant...

— C'est quoi le rapport avec mon histoire ? demande Quentin, vexé.

Arbitrage ou médiation ?

La première chose que Quentin n'a pas vue, c'est la dimension juridique de la relation entre Laure et Lucien, pourtant très présente. Laure aurait pu choisir de régler la question par la force, par exemple en envoyant son poing dans la figure de son frère ou en le menaçant d'un couteau. Mais dans ce cas, Quentin serait intervenu de façon autoritaire en faveur du garçon : les désaccords ne se règlent pas par ce moyen chez les Frémont. Le rapport entre les deux enfants s'inscrit donc dans un cadre juridique fort. De plus, la solution adoptée par Quentin est fondée sur un principe d'équité : chacun des enfants participe à la confection du gâteau et le nettoyage des plats est réparti entre eux. Or, le principe d'équité est de nature juridique.

Cette approche de la résolution des conflits est celle de l'autorité judiciaire ou de l'arbitrage. Elle consiste à examiner en premier lieu les règles issues du cadre juridique de la relation, puis à traiter les enjeux techniques en fonction de ces règles et principes. La dimension émotionnelle n'est pas abordée. La démarche de la médiation professionnelle est inverse. La dimension émotionnelle du conflit est traitée en priorité, purgée, afin que l'objet initial du désaccord puisse être abordé calmement. Les éléments juridiques viennent en dernier, éventuellement, pour valider les solutions trouvées.

Ne pas se focaliser sur la dimension technique ou juridique

Dans le cas du gâteau de Laure, Quentin a fait ce qu'il avait l'habitude de faire, ce qu'il savait faire : adopter une règle et en déduire une solution aux difficultés techniques. Cette méthode est applicable car le père dispose d'un pouvoir autoritaire fort. Si elle a le mérite d'imposer la paix, elle n'offre en revanche aux enfants d'autre choix que la soumission, ou l'abandon du projet de dessert.

La relation entre Tiphaine et Jean-Marc est de toute évidence de qualité médiocre. Et cela dure depuis un certain temps, car un nouveau motif de friction apparaît tous les mois. Chaque fois, Quentin se focalise sur la dimension technique : il trouve des solutions, mais le problème de fond n'est pas abordé. Du reste, il ne le connaît pas, car il ne sait pas ce que veulent exactement Tiphaine et Jean-Marc, faute de les avoir réellement écoutés.

Pour Thierry Hamelin, l'enjeu technique est clair en apparence : un retard de chantier et des ressources mobilisées inutilement par la société EAL. Quentin et son interlocuteur l'abordent tous les deux par sa dimension juridique : l'un fait valoir une contrainte réglementaire relative à la sécurité, l'autre des dispositions contractuelles. L'approche juridique privilégiée par les protagonistes ne leur permet pas de trouver une solution satisfaisante, le conflit étant essentiellement d'ordre technique et émotionnel.

L'erreur de négliger la dimension émotionnelle

Avec Laure et Lucien, Quentin aurait pu évacuer la dimension émotionnelle en aidant les enfants à exposer leurs attentes, leurs craintes. La recherche d'une solution aurait été beaucoup plus facile, la solution trouvée aurait été plus adaptée aux attentes, et surtout les enfants se seraient sentis impliqués.

Dans la relation entre Tiphaine et Jean-Marc, Quentin suppose que la dimension émotionnelle est absente. C'est évidemment une erreur. Les émotions sont toujours présentes dans les conflits interpersonnels, même si elles s'expriment parfois de manière plus discrète dans un contexte professionnel. Quentin aborde ainsi par sa dimension technique un conflit qui présente une forte dimension émotionnelle. Les solutions trouvées vont satisfaire ses deux collaborateurs, mais de façon très provisoire.

Dans le cas de Thierry Hamelin, la dimension émotionnelle est également très présente. Le ton des échanges montre bien que chacun est agacé des prises de position bien arrêtées de l'autre. Une discussion dépassionnée aurait permis de régler le problème plus rapidement et plus efficacement.

— Comment faire, alors ? reprend Quentin.

— Tu pourrais peut-être traiter en priorité les émotions conflictuelles, les évacuer, créer les conditions d'un échange dépassionné. Et vous pourrez alors discuter des enjeux.

— Et comment fait-on pour traiter la dimension émotionnelle ?

— Tu sais peut-être ce qui les alimente, dans tes relations avec les uns et les autres, tu as pu observer des manières de s'exprimer, de présenter la réalité qui les favorisent, etc.

— J'identifie plusieurs choses qui me mettent en colère ou qui mettent mon fournisseur en colère.

— Si tu les analyses de façon précise, en les classant, tu devrais retrouver trois éléments invariants, communs à toutes les situations conflictuelles.

— Entendu, je vais y réfléchir d'ici à lundi prochain. Un petit match, maintenant ?

— C'est parti !

L'essentiel : adapter son approche au type de conflit

Il existe trois manières d'aborder la résolution d'un conflit : par sa dimension juridique, par sa dimension technique ou par sa dimension émotionnelle. Chacune de ces approches est adaptée à certains profils de conflit.

Les conflits pour lesquels la dimension émotionnelle est inexistante ou négligeable peuvent être traités soit par l'approche juridique – on parlera alors de contentieux –, soit par l'approche technique – on parle dans ce cas de litige.

Mais dès lors que la charge émotionnelle est forte et fait obstacle à la raison, que les autres dimensions soient importantes ou non, la meilleure chose à faire est de la traiter en priorité.

Exercice : trouvez la bonne approche

Reprenez les situations décrites dans l'exercice du chapitre 1 et définissez dans chaque cas l'approche la plus adaptée au conflit.

1. **Conflit au travail :**
2. **Conflit personnel :**
3. **Litige commercial :**

Solution

1. Conflit au travail

La composante émotionnelle est ici prépondérante, au moins du côté de Sibylle. Quelles que soient les raisons des uns ou des autres, il est indispensable de ramener les discussions sur un plan plus rationnel, objectif, en purgeant la dimension émotionnelle.

2. Conflit personnel

Là encore, les émotions l'emportent. Raymonde et sa fille souffrent toutes les deux des propos prononcés par l'autre. Il convient donc d'évacuer ces émotions qui ne peuvent qu'alimenter le conflit, afin d'aborder plus sereinement la dimension technique de la relation.

3. Litige commercial

Au-delà des maladresses de communication des uns ou des autres, il s'agit ici d'un problème d'ordre technique. Rien n'empêche *a priori* les protagonistes de s'asseoir autour d'une table et de mettre à plat l'ensemble des contraintes réglementaires et leurs conséquences. C'est donc un litige où prédomine la composante technique, qui peut être résolu en traitant de manière dépassionnée ces éléments techniques de l'affaire.

Chapitre 3

Les mécanismes à l'origine des émotions négatives

Mercredi 20 novembre, 23 h 10

La soirée a été calme. Ils ne se sont pas disputés et les enfants ont été à peu près sages. Allongé à côté de Noémie, Quentin se dit que c'est le bon moment. Il prend son courage à deux mains.

— On pourrait peut-être aller passer Noël chez mes parents, cette année…, commence-t-il.

— Tu sais très bien que ta mère n'apprécie pas de me voir.

— Si ce n'est pas pour toi, tu pourrais au moins faire un effort pour les enfants.

— Ben tu n'as qu'à y aller avec eux, alors.

— Mais non, nous n'allons pas te laisser seule à la maison pour Noël ! Tu dis ça en sachant pertinemment que ça ne se produira pas.

— Je n'ai pas envie d'y aller, tu ne vas quand même pas m'y obliger ! Et puis tu te sers des enfants, c'est manipulateur, ça !

— Mais ce n'est pas possible, dès que l'on parle de mes parents, tu montes sur tes grands chevaux ! Tu devrais te contrôler !

— Mais non, c'est toi qui t'énerves, regarde-toi !

— Bon, ça suffit ! tranche Quentin. Je vais leur dire que l'on n'y va pas parce que tu ne veux pas y aller.

— Parfait, comme ça c'est moi qui porte le chapeau !

— Oui, tu préférerais ne pas en assumer la responsabilité.

— Non, tu ne t'en tireras pas comme ça ! Je n'ai pas envie d'y aller. Maintenant c'est à toi de décider, ce sont tes parents. Et ne me fais pas tout retomber dessus.

— Tu te défiles encore une fois. C'est bon, je prendrai la décision.

Quentin éteint la lumière et tourne le dos à son épouse. Il fulmine.

Jeudi 21 novembre, 6 h 35

Tôt levé le lendemain matin, Quentin s'installe au salon avec une feuille de papier sur laquelle il écrit en gros :

Ce qui alimente les émotions conflictuelles

« Qu'est-ce qui a alimenté ma dispute avec Noémie, hier soir ? se demande-t-il. Cela m'a énervé qu'elle rende si compliqué pour moi d'aller voir mes parents avec les enfants. » Il note cette première idée :

Ce qui rend compliqué la vie des autres

« Et aussi qu'elle s'imagine que ma mère n'aime pas la voir. Je sais bien qu'elles ne sont pas d'accord sur tout, mais Noémie alimente autant les polémiques que ma mère. »

Et il note :

S'imaginer des choses qui ne sont pas vraies

Il se tapote le menton avec son stylo, tout en revivant en pensée la scène avec son épouse. « Cela m'a énervé, aussi, quand elle m'a accusé de vouloir l'obliger à venir. Et de manipuler les enfants. » Il ajoute sur sa feuille :

Être accusé de manipulation
Se décharger de ses responsabilités
Être confronté à une personne qui ne fait aucun effort

« Je me rends compte que quand elle se met en colère, cela déteint sur moi. Je me mets automatiquement en colère à mon tour. » Il note :

Parler avec une personne en colère et absorber ses émotions

« J'avais un peu d'appréhension, aussi, avant de lui parler. C'est une émotion. Qu'est-ce qui l'a déclenchée ? J'étais à peu près sûr que cela finirait mal, je n'avais pas confiance en elle. » Il écrit sur sa feuille :

La perspective d'une dispute
Le manque de confiance

Après vingt bonnes minutes de réflexion, il entend du bruit dans les chambres des enfants. Lucien ne tarde pas à pointer son visage ensommeillé.

— Salut, toi. Bien dormi ? On va petit-déjeuner ?

— Un câlin d'abord, répond le garçon en venant se blottir dans ses bras.

Il voit la feuille que son père a posée à côté de lui sur le canapé.

— Qu'est-ce que tu fais ?

— Je note sur ce papier ce qui me met en colère.

Le garçon prend la feuille et la parcourt. Il reste songeur quelques secondes.

— Moi, ce qui me met en colère, c'est quand on me gronde. Et quand vous ne voulez pas que j'aille jouer au parc avec mes copains. Je peux l'ajouter à ta liste ?

— Vas-y…

Et Lucien note consciencieusement :

Se faire gronder
Empêcher d'aller jouer au parc

Il repose la feuille et le crayon au moment où Laure entre dans le salon.

— Qu'est-ce qui te met en colère, toi, Laure ? demande Lucien.

— Quand tu m'embêtes, répond la jeune fille.

— Et moi ça m'énerve quand tu dis ça ! réplique Lucien.

— Ce qui t'énerve, Laure, intervient Quentin, c'est quand Lucien fait des choses qui t'embêtent. Et ce qui t'énerve toi, Lucien, c'est que Laure te le reproche.

— Oui, répondent en chœur les enfants.

Quentin reprend la feuille et écrit :

Être embêté par quelqu'un
Recevoir des reproches

Puis il la plie et la met dans sa poche.

— On va déjeuner, maintenant ? demande-t-il.

— Allons-y, répond son fils en bondissant sur ses pieds.

Samedi 23 novembre, 15 h 20

Quentin écoute la pièce d'une oreille distraite. C'est jour de représentation de la classe de théâtre de Laure, et l'on joue *L'Avare* de Molière. Sa fille, habillée en valet, interprète Valère et donne la réplique à un garçon vêtu d'un long manteau qui joue Harpagon.

— De grâce, ne vous mettez pas en colère. Quand vous m'aurez ouï, vous verrez que le mal n'est pas si grand ! dit Laure-Valère en exagérant les intonations.

Le mot « colère » attire l'attention de Quentin. « Tiens, se dit-il, cela me fait penser aux émotions conflictuelles. » Il écoute la suite avec plus d'attention et remarque certaines répliques au fil de la scène.

— Le mal n'est pas si grand ! Quoi ? Mon sang, mes entrailles, pendard ? répond le garçon au manteau.

— Un motif noble m'a inspiré cette résolution.

— Vous verrez que c'est par charité chrétienne qu'il veut avoir mon bien…

— Rien de criminel n'a profané la passion que ses beaux yeux m'ont inspirée.

— Les beaux yeux de ma cassette ?

« Il y a bien un conflit, ici, se dit Quentin. Et il y a des émotions, au moins du côté d'Harpagon. Qu'est-ce qui a déclenché sa colère ? »

Il note mentalement :

Les malentendus

Les mensonges

La malhonnêteté

« Pour l'instant, se dit-il, je ne vois rien d'invariant dans ce qui déclenche des émotions conflictuelles. Chaque situation est tellement particulière. Il faudra que j'envoie un e-mail à Antoine avec ma liste, qu'il me clarifie tout ça. »

Il est interrompu dans ses réflexions par les applaudissements du public. La scène est terminée.

Mardi 26 novembre, 9 h 12

Ce matin-là, Quentin croise Jean-Marc, avec qui Tiphaine ne veut plus travailler.

— Tu prends un café ? propose Quentin.

— Oui, je dépose mes affaires et j'arrive.

Ils se retrouvent quelques minutes plus tard devant la machine à café.

— Tout va bien avec ton équipe ? commence Quentin d'un ton détaché.

Il souhaite entendre la version de Jean-Marc sans entrer trop directement dans le vif du sujet.

— Oui, à part Tiphaine qui est un peu difficile à gérer.

— Ah, tiens ?

— Oui, elle m'a fait un de ces sketches, l'autre jour ! Je lui ai demandé de me donner un coup de main sur un dossier urgent.

Tu l'aurais entendue ! Elle m'a dit que je ne savais pas ce que je voulais, que tantôt je donnais la priorité à un sujet, tantôt à un autre, que je demandais des choses auxquelles personne ne comprenait rien...

— Et cela t'a énervé ?

Jean-Marc regarde Quentin, perplexe.

— Énervé ? Oui, sans doute, mais cela rend surtout le travail un peu difficile. Qu'est-ce que tu cherches, au juste ? demande-t-il d'un air soupçonneux. Tu es un peu bizarre depuis quelque temps.

— Tu as remarqué ? J'apprends la mécanique des relations interpersonnelles... Par exemple, ici, j'aimerais savoir ce qui t'a mis en colère dans les propos de Tiphaine.

— Si cela t'amuse... Ce qui m'énerve, c'est qu'elle me reproche de changer d'avis toutes les cinq minutes, de ne pas suivre une direction donnée. Mais ce qu'elle ne voit pas, c'est que les priorités peuvent changer, la stratégie commerciale, ce n'est pas gravé dans le marbre, il faut savoir s'adapter.

— Je comprends. Et c'est tout ?

— Oui, c'est tout, réplique Jean-Marc, agacé.

— Je te remercie.

— Bon, si tu es satisfait, j'y vais. J'ai un métier. À plus tard.

Quentin retourne dans son bureau tout en analysant sa conversation avec Jean-Marc. Quel est le déclencheur de sa colère contre Tiphaine ? Il sort de sa poche la feuille sur les émotions conflictuelles et relit ses notes. « "Recevoir des reproches" s'y apparente bien, et c'est déjà dans ma liste, se dit-il. Je pourrais préciser. »

Reprocher à quelqu'un son manque de constance

En y réfléchissant, il réalise que son collègue s'est irrité de leur conversation. Pourquoi ? Qu'est-ce qui a pu énerver Jean-Marc dans leur échange devant la machine à café ? « A-t-il eu peur que je lui fasse des reproches à mon tour, que je minimise son problème avec Tiphaine ? Que je le juge ? » Et il note :

La crainte d'être jugé

Puis il s'installe devant son ordinateur et commence à rédiger un e-mail à l'intention d'Antoine. Il a noté seize déclencheurs des émotions conflictuelles dans sa liste.

✉ *E-Mail d'Antoine à Quentin, vendredi 29 novembre, 22 h 50*

Salut Quentin,

Je te remercie pour ton e-mail. Les trois mécanismes qui déclenchent des émotions négatives sont présents dans ta liste. La prochaine étape est de les repérer et de les comprendre pour avoir une prise dessus. Prenons ton point : « Être accusé de manipulation »…

Le prêt d'intentions

Derrière l'accusation de manipulation, il y a l'idée qu'une personne pense que l'autre est animé d'une intention malveillante à son égard. Ce mécanisme du prêt d'intentions est un facteur déclencheur d'émotions négatives et est toujours présent dans les relations conflictuelles. Le soupçon, l'accusation de mensonge, fonctionnent selon ce principe.

Le prêt d'intentions peut être positif dans une relation de confiance, ou totalement neutre dans un échange quotidien. Si vous posez à votre marchand de journaux la question « Auriez-vous *Le Monde* ? », il va probablement vous prêter l'intention de l'acheter et vous le donner sans se poser plus de questions. Mais dans une relation de méfiance, les prêts d'intentions produisent des émotions négatives qui alimentent la dynamique conflictuelle.

La contrainte

Ce que Quentin relève dans « Ce qui rend compliqué la vie des autres », c'est le sentiment qu'une personne adopte vis-à-vis de lui un comportement, fait des choix, prend des décisions qui le forcent à s'adapter. Il se trouve obligé d'agir dans un sens qui ne lui convient pas, ou, au contraire, se sent empêché de faire ce qu'il voudrait. Ce mécanisme est celui de la contrainte, toujours présente dans les relations conflictuelles. Elle s'exprime de différentes manières : la force, bien sûr, mais aussi la menace, l'autorité, l'intimidation, les violences verbales, le chantage, la privation, etc.

Il est évidemment impossible de vivre sans imposer des contraintes, qui peuvent du reste ne pas être sources de conflit. Mais il y a une chose qui fait la différence entre une contrainte conflictuelle et une contrainte qui ne l'est pas, c'est le niveau de confiance entre les protagonistes.

Une personne contrainte dans une relation de confiance va supposer que l'autre agit dans son intérêt. Elle va donc l'accepter même s'il apparaît en fin de compte que cela lui a fait du tort. Car elle supposera que cette personne s'est trompée, qu'elle a été maladroite. À l'inverse, en l'absence de confiance, la contrainte va déclencher des émotions conflictuelles (colère, frustration, etc.), même si l'autre personne agit dans l'intérêt de la première.

L'interprétation

Dans la formule de Quentin « S'imaginer des choses qui ne sont pas vraies », on touche à un autre déclencheur des émotions conflictuelles : l'interprétation.

Ce qui est en jeu ici, ce sont les représentations que l'on se fait de la réalité, le sens qu'on lui donne. Deux personnes observent une situation. La première lui donne un sens qu'elle estime correspondre à la réalité. La seconde en donne une interprétation différente qu'elle croit tout aussi conforme à la réalité.

Imaginons, dans la relation entre Noémie et la mère de Quentin, que cette dernière juge utile de donner à Noémie des conseils sur l'éducation de Laure et de Lucien. Elle cherche à rendre service. De son côté, Noémie va peut-être le prendre comme une mise en cause de ses compétences de mère. Une réalité, deux regards.

La notion de vérité est très relative, en matière de relations humaines. Chacun a raison selon son point de vue. Au passage, lorsque Quentin écrit « qui ne sont pas vraies », il pose lui-même une vérité correspondant à sa vision des événements. C'est son interprétation, différente de celle de Noémie.

De l'interprétation au jugement

L'interprétation, c'est donc donner un sens à la réalité observable. Mais une fois que l'on a « compris » le sens des choses, il est tentant de qualifier les personnes impliquées, de former un avis sur ce qu'elles sont, ce qu'elles font, sur ce qu'elles auraient dû faire ou ne pas faire. Cela devient un jugement, qui peut être implicite ou explicite. En disant à Noémie « tu montes sur tes grands chevaux, tu devrais te contrôler », Quentin interprète que Noémie est en colère parce qu'elle ne contrôle pas ses émotions. En lui donnant le conseil de se calmer, il juge son comportement inapproprié et lui en suggère un autre.

De même que la contrainte, le jugement peut être bien ou mal perçu selon que la relation est fondée sur la confiance ou non. Un jugement positif dans une relation de confiance sera vécu comme de la reconnaissance. Dans une relation de méfiance, il sera interprété comme une flatterie hypocrite. Les interprétations et jugements sont toujours présents dans les relations conflictuelles et s'expriment de nombreuses manières : la généralisation, la banalisation, la minimisation, l'exagération, la dérision, les déductions hâtives, les conseils non sollicités, etc.

Les ingrédients de la dynamique conflictuelle

Nous connaissons maintenant les trois invariants de la dynamique des émotions conflictuelles (les PIC) : les prêts d'intentions, les interprétations et jugements, les contraintes. Ils sont toujours présents dans les relations conflictuelles, même s'ils apparaissent dans un ordre variable. Les trois sont indispensables : en l'absence de l'un d'entre eux, le conflit ne peut pas se développer. En analysant les facteurs de conflits de la liste de Quentin avec ces repères en tête, nous constatons que tous les points relèvent de l'un ou de l'autre de ces invariants, voire de deux d'entre eux ou même des trois à la fois.

Prenons « Se décharger de ses responsabilités ». Il y a plusieurs interprétations possibles à cette idée. D'abord sur le terme « responsabilité ». Dans le contexte du Noël chez les parents de Quentin, qui est responsable de la décision ? Si Noémie n'a pas envie d'y aller, est-ce à elle de prendre la responsabilité pour les autres, ou à lui de décider d'y aller seul avec les enfants ou tous ensemble ? Et le fait de refuser d'imposer un choix, est-ce une manière de « se décharger » d'une responsabilité ? Tout cela est sujet à divergences d'interprétation.

Dans la phrase « Être confronté à une personne qui ne fait aucun effort », il y a évidemment un jugement. Dire qu'une personne fait ou non des efforts, c'est très subjectif. Et le terme « aucun » est en soi un jugement, de type exagération. D'un autre côté, le comportement de la personne accusée de ne pas faire d'effort est peut-être de nature contraignante.

Lorsque Lucien trouve conflictuel de se faire gronder, il y a les trois mécanismes en jeu. L'interprétation, c'est le regard que porte l'adulte sur les actes de Lucien, jugés comme non souhaitables. Le prêt d'intentions, c'est la malveillance ou la négligence qui lui est attribuée, la conscience d'être en faute. La contrainte se manifeste dans le désagrément du reproche, vécu comme une punition en soi. Il sait ce qui l'attend s'il recommence...

✉ *E-Mail de Quentin à Antoine, samedi 30 novembre, 23 h 10*

Salut Antoine,

Bien reçu. Merci. J'ai fait le travail sur les autres phrases de ma liste. Effectivement, elles se raccrochent à l'un ou l'autre de ces mécanismes des PIC. Maintenant que nous avons dit tout cela, sur la confiance et la méfiance, que faire, en pratique, pour éviter les conflits ? Je vois bien ce qui peut mettre mes interlocuteurs en colère, mais eux n'ont pas fait cet apprentissage, ils n'ont pas acquis ces compétences relationnelles. Quand ils ont des propos jugeants sur moi, qu'ils me prêtent des intentions malveillantes ou me contraignent, cela continue de m'irriter ! Je m'énerve d'autant plus que j'identifie ces mécanismes conflictuels dans leur communication. Et le pire, c'est que je réponds en tombant dans les mêmes travers ! J'en ai conscience, mais je ne sais pas quoi faire d'autre.

Help !

Bien à toi,

Quentin

✉ *E-Mail d'Antoine à Quentin, samedi 30 novembre, 23 h 52*

Tu vois dans la communication des autres les causes de tes émotions, et tu vois dans ta propre communication les conséquences sur leurs émotions. C'est le début de la conscience, même si tu ne sais pas comment rompre avec cette dynamique. Pour avancer, je te propose d'observer un autre mécanisme des relations conflictuelles : l'escalade.

Voici ce que tu pourrais faire. Quand tu identifieras des éléments conflictuels dans ta relation avec Noémie, ton webdesigner ou toute autre personne, répond avec des jugements et prêts d'intentions négatives, des contraintes, et observe ce qui se passe. Cherche en particulier les stratégies de communication mises en œuvre par les personnes. Tu peux te référer à ces trois modes de communication qui nous viennent des Grecs de l'Antiquité : le logos, l'ethos et le pathos.

Amitiés,

Antoine

L'essentiel : les PIC

La dynamique conflictuelle est alimentée par les émotions : colère, peur, frustration, rancune, besoin de revanche, etc. Les PIC, mécanismes relationnels qui déclenchent ces émotions conflictuelles, sont au nombre de trois :

- Les prêts d'intentions négatives (P).
- Les interprétations (I) et jugements.
- Les contraintes (C).

Toutes les situations conflictuelles entre les personnes contiennent ces trois éléments. S'il en manque un, il ne peut pas y avoir de conflit.

Pour comprendre ces mécanismes, il faut suivre une démarche en trois étapes :

1. En prendre conscience.
2. Les identifier dans la vie quotidienne.
3. Se les approprier pour ne plus en être le jouet (ce que nous verrons dans les chapitres suivants).

Exercice n° 1 : prenez conscience des PIC

Dans le tableau ci-dessous, identifiez les PIC les plus marquants dans les notes de Quentin, en imaginant le contexte dans lequel ils ont été observés.

	P	I	C
1. La perspective d'une dispute			
2. Le manque de confiance			
3. Être embêté par quelqu'un			
4. Recevoir des reproches			
5. Les malentendus			
6. Les mensonges			
7. La malhonnêteté			
8. Reprocher à quelqu'un son manque de constance			
9. La crainte d'être jugé			

Solution

1-P : c'est un prêt d'intentions, même s'il est peut-être nourri par l'expérience. Je me dis que l'autre personne va se mettre en colère contre moi.

2-P : c'est également un prêt d'intentions, la croyance *a priori* que l'autre personne va faire des choses qui me seront désagréables.

3-C : c'est principalement une contrainte, associée à un prêt d'intentions. L'autre personne a un comportement qui me dérange, et elle le sait...

4-I : c'est une interprétation. La personne qui me fait des reproches estime mon comportement inadapté. Ce peut être contraignant, aussi, lorsque cette personne dispose d'une quelconque autorité sur moi, ce qui m'oblige à changer de comportement.

5-I : les malentendus résultent de divergences d'interprétation.

6-I et P : il y a, dans l'accusation de mensonge, l'idée que la personne dit des choses qui ne sont pas vraies. C'est une interprétation. Il y a aussi un prêt de l'intention de dissimuler la vérité.

7-I et P : de même que l'accusation de mensonge, l'accusation de malhonnêteté comprend les deux dimensions de l'interprétation et du prêt d'intentions.

8-I : c'est une interprétation de la notion de constance.

9-P : cette crainte révèle un prêt d'intentions.

Exercice n° 2 : identifiez les PIC dans votre vie quotidienne

À l'aide des exemples, notez ci-dessous, pour chacun des PIC, les propos conflictuels que vous avez pu tenir ou entendre récemment dans votre vie de tous les jours.

Prêts d'intentions négatives

(Faire allusion au fait qu'une personne cache ses vraies motivations ; reprocher à une personne d'en contraindre volontairement une autre, de causer volontairement un désagrément, une souffrance ; supposer qu'une personne a conscience des ressentis d'une autre personne ; interpréter de manière négative un propos en apparence anodin.)

....

....

....

Interprétations et jugements

(Généraliser, exagérer ; minimiser/banaliser ; faire des conclusions hâtives ou injustifiées ; donner des conseils ; se moquer, tourner en dérision.)

....

....

....

Contraintes

(Menacer ; se mettre en colère pour impressionner ; créer les conditions pour rendre difficile tout retour arrière ; créer des conséquences imaginaires ; placer l'autre dans une position inconfortable.)

....

....

....

Chapitre

L'escalade conflictuelle

Dimanche 1er décembre, 21 h 35

Quentin est tranquillement installé sur son canapé, plongé dans son journal. Il fait du moins semblant, car à ses côtés, Noémie se dispute avec sa mère au téléphone. S'il avait voulu se concentrer sur sa lecture, il aurait eu du mal tellement la conversation est animée. Mais à tout prendre, ce que la mère et la fille ont à se dire est plus intéressant que le journal. Et plus encore la manière de se le dire. Sa belle-mère parle tellement fort dans son téléphone qu'il entend tout ce qu'elle dit.

— C'est bien toi qui es venue pendant mon absence ? demande la mère de Noémie.

— Oui, je suis venue pour te voir. Mais comme tu n'étais pas là, je suis repartie.

— Tu aurais pu refermer la fenêtre, n'importe qui pouvait entrer !

— Qu'est-ce que tu racontes ? Je n'ai pas ouvert la fenêtre.

— Pourtant, elle était grande ouverte. Ça ne peut être que toi, personne d'autre n'est venu. Et d'ailleurs, à chaque fois que tu viens chez moi, je retrouve des choses qui ne sont pas à leur place. Pourtant, tu sais très bien que cela me dérange. À croire que tu le fais exprès.

— Je te dis que je n'ai pas ouvert cette fenêtre ! Je suis venue parce que j'ai plaisir à te voir, et tu trouves le moyen de me faire des reproches !

— Je ne te reproche rien, je constate, c'est tout. Quand on va chez les gens, on laisse les choses comme on les a trouvées. C'est pourtant simple. Quand ta sœur vient à la maison, je n'ai pas ce genre de problème.

— C'est toujours pareil, avec toi ! Dès que tu ne retrouves pas les choses comme tu crois les avoir laissées, tu n'accuses jamais Caroline, et c'est toujours sur moi que tu tombes !

— Arrête un peu de geindre, je me tue à t'expliquer qu'il faut laisser les choses comme tu les as trouvées quand tu pars de chez moi. Si tu ne peux pas le comprendre, ne viens plus, c'est tout. Pas la peine de devenir hystérique.

Quentin ne perd pas une miette de cet échange nourri. « Pas mal, se dit-il, je peux observer la mise en œuvre des PIC sans être impliqué. C'est nettement plus confortable. »

Son épouse, visiblement très en colère, s'agite beaucoup sur le canapé.

— Mais c'est insupportable ! crie-t-elle. Dès que quelque chose ne va pas, tu me le fais retomber dessus ! Qu'est-ce que tu as contre moi, à la fin ?

— Tu te victimises tout le temps. Je ne vois pas pourquoi je discute encore avec toi, tu es incapable d'être rationnelle, ma pauvre Noémie.

— Et toi tu n'as pas de cœur ! Tu es insensible ! Dès que quelque chose ne te convient pas, tu m'accuses injustement sans te soucier du mal que ça me fait !

Là-dessus, Noémie raccroche au nez de sa mère. Elle profère un juron, se lève et va dans la cuisine pour se calmer. C'est son habitude. Quand elle est en colère, elle fait rageusement la vaisselle, la cuisine ou du ménage, selon l'heure.

Resté seul, Quentin se met à réfléchir. « Les mécanismes de l'escalade conflictuelle, a dit Antoine… Commençons déjà par les PIC. »

Il pose son livre, prend une feuille et note une transcription aussi fidèle que possible de l'échange entre Noémie et sa mère. Puis il entreprend d'identifier les prêts d'intentions négatives, les interprétations et jugements, les contraintes.

« Je les perçois bien chez la mère de Noémie. Un prêt d'intentions négative dans "À croire que tu le fais exprès". Une interprétation quand elle est convaincue que sa fille a ouvert la fenêtre. Et pour la contrainte ? Ce pourrait être le fait qu'elle n'accorde aucun crédit à ce que dit Noémie. Elle ne l'écoute pas, pour ainsi dire.

De l'autre côté, Noémie s'est surtout défendue. C'est vrai qu'elle prêtait des intentions à sa mère quand elle a dit : "Qu'est-ce que tu as contre moi, à la fin ?" Et une contrainte, aussi, quand elle a raccroché.

Je constate que les PIC augmentent la colère de part et d'autre. Quoi d'autre ? Logos, ethos, pathos, a dit Antoine. Je vois surtout du pathos, dans tout cela… Si c'est le mécanisme de l'escalade, la belle affaire ! Connaissant Antoine, il devait penser à autre chose. Qu'est-ce qui m'échappe ? Il a parlé de stratégie de communication… »

Lundi 2 décembre, 14 h 05

Tiphaine et Jean-Marc sont à nouveau en désaccord sur la négociation commerciale d'un gros contrat, pour un client du secteur de Tiphaine. En tant que directeur commercial, Jean-Marc insiste pour participer aux négociations, ce que Tiphaine refuse, se sentant tout à fait capable de mener seule cette mission à bien. Mais le désaccord tourne de plus en plus au conflit…

— C'est quoi, ton problème ? lui reproche Jean-Marc. Je te dis que c'est un gros contrat, et que tu ne peux pas le négocier seule.

— Et bien sûr on va partager la commission ! C'est mon client. Je n'ai pas eu besoin de toi pour le décrocher.

— Quand tu auras un peu plus d'expérience, tu sauras qu'un contrat comme ça, il faut le sécuriser.

— Je te dis que je n'ai pas eu besoin de toi pour décrocher ce client, répète Tiphaine.

— Tu ne vas pas m'apprendre mon métier, quand même !

— Ton métier c'est aussi le mien, je te le rappelle.

— Il y a combien de temps, déjà, que tu es dans la boîte ? demande Jean-Marc d'un ton où perce l'ironie.

— Je te répète que je n'ai pas eu besoin de toi pour décrocher ce client, s'obstine Tiphaine.

— Le jour où tu seras directrice commerciale, tu feras comme tu voudras. En attendant, les décisions commerciales, ici, c'est moi qui les prends. Maintenant, la discussion est finie. Tu peux me laisser, s'il te plaît ?
— Quoi ? Mais on n'a pas terminé, je te signale !

Jean-Marc décroche son téléphone et commence à composer un numéro. De toute évidence, il en a fini avec sa collaboratrice. Celle-ci, en rage, sort du bureau en maugréant « Fait chier ! » assez fort pour que son chef l'entende.

Quentin s'est fait raconter la scène par chacun des deux protagonistes. Il pense avoir reconstitué l'échange de façon aussi objective et précise que possible. « Il y a une escalade conflictuelle entre ces deux-là, et cela dure depuis un certain temps. Quels en sont les mécanismes ? Jean-Marc reproche à Tiphaine son manque d'expérience. Et elle s'en défend. Je vois bien les interprétations, les prêts d'intentions négatives quand Tiphaine soupçonne son chef de vouloir une part de la commission, la contrainte, quand Jean-Marc s'impose dans la négociation. Mais quels sont les mécanismes de l'escalade ? Quelles sont les stratégies de communication auxquelles Antoine a fait allusion ? Du côté de Jean-Marc, il me semble qu'il utilise sa plus grande expérience pour faire taire Tiphaine. C'est peut-être cela, la stratégie. Et du côté de Tiphaine… Hum. Je ne vois pas. Il va falloir qu'Antoine m'explique. »

Lundi 2 décembre, 18 h 50

Lundi soir, jour de ping-pong, Quentin installe la table en attendant son ami, impatient d'obtenir des réponses à ses questions. La veille au soir, il a envoyé à Antoine le texte des derniers échanges entre Noémie et sa mère, de même que celui entre Tiphaine et Jean-Marc. Maintenant que sa curiosité est piquée, il veut comprendre ces fameux mécanismes de l'escalade conflictuelle. D'autant que comme il n'était directement impliqué dans aucun des deux cas, cela a facilité ses observations. « Neutre et impartial, comme dirait Antoine. Et pourquoi, d'ailleurs, neutre et impartial ? Quelle est la différence ? Comme si un seul mot ne suffisait pas… Il faudra que je lui pose la question. »

— Hello, dit Antoine en entrant dans la salle.

— Salut, répond Quentin.

— Bonne semaine ?

— Plutôt, oui. Comme tu as vu, riche en conflits, mais en même temps aucun dans lequel j'ai été impliqué. C'est reposant.

— Tu trouves reposant de regarder les autres se quereller…

— En tout cas je me fatigue moins.

— Cela te fatigue d'être impliqué dans un conflit.

— Oui, évidemment. Cela m'épuise, même. C'est pareil pour tout le monde, non ? Discuter avec quelqu'un qui a des propos et des émotions conflictuels, cela pompe de l'énergie.

— Ce sont les émotions des autres qui te pompent ton énergie ?

Quentin réfléchit un instant.

— Non, ce sont plutôt les miennes.

— Quand tu es en conflit avec une personne, tu développes des émotions conflictuelles, et cela t'épuise. Tu n'imagines pas de pouvoir parler avec une personne débordée par ses émotions conflictuelles sans être emporté à ton tour dans des émotions similaires ?

— Non, j'ai du mal à l'imaginer. C'est possible, d'après toi ?

— Bien sûr que c'est possible, répond Antoine avec un sourire. Nous en reparlerons peut-être à l'occasion. Pour aujourd'hui, nous avons des choses à discuter, suite à ton e-mail d'hier.

— Oui, l'escalade conflictuelle. Qu'est-ce que cela t'inspire ?

— Tu connais Aristote, Platon, Cicéron ?

— J'en ai entendu parler. Qu'est-ce qu'ils viennent faire ici ?

— Ils ont formalisé les notions de logos, d'ethos et de pathos. Ce sont les modes d'expression que nous utilisons tous dans notre communication. Le logos pour le contenu de ce que nous disons, la partie argumentée. L'ethos, c'est la manière de le présenter. Et le pathos, c'est la dimension émotionnelle de notre discours.

— Oui, la construction du discours selon les penseurs de l'Antiquité. Y a-t-il un lien avec nos conflits ?

— Je t'avais proposé de chercher ces trois dimensions dans les discussions que tu observes ou auxquelles tu participes. Tu as peut-être remarqué quelque chose ?

— J'ai surtout vu du pathos, des émotions. D'ailleurs, tu m'as bien dit que ce qui différencie un conflit d'un désaccord, ce sont les émotions, le pathos. Je suppose qu'en l'absence d'émotions, le logos prédomine. Et quand les gens sont débordés par leurs émotions, ils basculent dans le pathos.

— Si tu examines attentivement ce qu'a dit ta belle-mère dans sa discussion avec Noémie, tu observeras que son discours est en apparence très rationnel, logique. Je ne me souviens plus des termes exacts, mais elle fait des déductions comme : « La fenêtre était ouverte quand je suis arrivée chez moi, et je sais que tu es venue en mon absence, donc c'est toi qui l'as laissée ouverte. » Elle utilise aussi des expressions qui se veulent factuelles, raisonnables, comme « Je constate » ou « quand on dérange quelque part, il faut remettre les choses à leur place avant de partir ».

— Oui, c'est vrai. Elle adopte toujours cette manière de parler quand elle se dispute avec Noémie, ce qui la met en rage.

— Et penses-tu que ta belle-mère est calme et de bonne humeur, quand elle parle comme cela ?

— Non, elle bout intérieurement. Je connais bien son expression dans ces cas-là, pour l'avoir observée plusieurs fois. Son visage est durci par la colère, ses yeux lancent des éclairs. Mais elle continue de parler sur un ton particulièrement lent, pesant, comme si elle donnait une leçon à une simple d'esprit. En y réfléchissant, je comprends pourquoi cela met Noémie en colère…

— Donc ta belle-mère est très émotionnelle, et en même temps elle s'exprime plutôt sur le mode du logos. Les deux sont donc tout à fait compatibles.

— Oui, en effet. Pour elle, le logos est une façade. D'abord son discours n'a rien de logique, et cela ne l'empêche pas d'être en colère.

— Nous parlons bien de la forme du discours, de la manière de communiquer. Et du côté de Noémie ? Tu vois sur quel mode elle s'exprime, quand elle se dispute avec sa mère ?

Quentin réfléchit un instant. Il se remémore des scènes de conflit entre sa femme et sa mère, la colère de Noémie, ses pleurs parfois, sa rage impuissante de ne pas pouvoir se faire entendre.

— Elle dit que sa mère n'a pas de cœur, qu'elle est insensible, qu'elle ne se soucie pas du mal qu'elle fait.

— Elle est donc plutôt dans le registre du pathos.

— Je comprends. Son vocabulaire est plutôt celui de l'affect, alors que sa mère adopte celui de l'argumentation. En ce qui me concerne, je serais plutôt dans le logos. Je cherche spontanément à raisonner.

— Cela ne t'est jamais arrivé d'élever la voix avec tes enfants, de faire les gros yeux quand ils étaient plus petits ?

— Oui, sans aucun doute.

— Plutôt dans l'ethos, alors. Ou de leur exprimer ta tristesse ou ta déception de les voir faire des choses qui te déplaisent ?

— Aussi, oui.

— La forme pathos, alors. Tu adaptes la forme de ton discours à la personne à laquelle tu t'adresses et aux circonstances. Tu peux commencer sous une forme rationnelle, et par exemple basculer dans une apparence de colère pour impressionner ton interlocuteur.

— Je comprends cette manière de modéliser la communication. Mais finalement qu'est-ce que j'en tire ? Comment l'utiliser dans mes relations ?

— Ce modèle va t'aider à comprendre l'escalade conflictuelle et à avoir une prise dessus. Si tu observes bien la manière de communiquer des personnes en conflit, quand les émotions commencent à prendre beaucoup de place, tu constateras qu'elles font de plus en plus ce qu'elles ont tendance à faire déjà beaucoup. C'est ce mécanisme qui alimente l'escalade conflictuelle.

— Tu pourrais être plus précis ?

Une stratégie de communication en mouvement : logos, ethos et pathos

Dans toute communication entre deux personnes, les trois formes du discours sont présentes. Il y a la part d'argumentation, le logos, puis la part de mise en scène, de séduction, de mise en confiance, l'ethos, et enfin la part d'émotion, le pathos. Lorsque deux personnes sont en relation, chacune adopte une stratégie faite de ces trois composantes, dans des proportions qui dépendent des interlocuteurs, des circonstances, du sujet de la discussion. Ainsi, Quentin adopte avec Noémie une stratégie de communication différente de celle qu'il met en œuvre avec Jean-Marc ou avec Tiphaine.

Cette stratégie choisie peut en outre être différente d'une séquence de communication à l'autre, selon l'évolution des conditions de l'échange, les objectifs poursuivis : elle peut commencer sur le registre rationnel et se terminer sur le registre émotionnel. Chaque personne adapte sa stratégie en fonction du retour de son interlocuteur.

Verrouiller sa stratégie de communication

Quand, dans une relation, les personnes sont débordées par leurs émotions conflictuelles, elles ont tendance à renforcer la stratégie de communication qu'elles ont choisie. En pratique, cela signifie qu'une personne qui s'exprime sur le mode du logos tendra de plus en plus à argumenter, à expliquer, à démontrer, au fur et à mesure que les émotions s'empareront d'elle. Et si sa stratégie comprend peu de pathos, elle réduira de plus en plus la part d'émotions dans sa communication. Ce qui ne signifie évidemment pas qu'elle ne ressentira pas d'émotions.

Dans l'échange entre Noémie et sa mère, la stratégie de la première est plutôt dans le registre du pathos : elle reproche à sa mère son insensibilité, son manque de cœur, et dans le même temps se trouve de moins en moins en capacité d'entendre ses arguments. La stratégie de la seconde est dans le registre du logos, de l'argumentation rationnelle : elle est peu sensible, voire même agacée des propos émotionnels de sa fille.

Notons que la stratégie adoptée est indépendante de la validité des arguments ou du raisonnement. Elle n'est pas non plus liée aux émotions réellement vécues par les personnes.

Les propos de Jean-Marc situent sa communication sur le mode de l'ethos : il cherche à renforcer sa légitimité, à convaincre Tiphaine en montrant l'image d'un professionnel expérimenté. Dans le même temps, il dégrade l'image de la jeune femme en faisant référence à sa moindre ancienneté dans l'entreprise. De son côté, Tiphaine adopte un registre argumentatif, factuel : elle réfute l'autorité de Jean-Marc sur la seule base de sa plus grande expérience, ou du fait qu'il est le directeur commercial. Elle attend des éléments rationnels et circonstanciés. Elle est dans le registre du logos.

Les mécanismes de l'escalade : surenchère, litanie et retrait

Le mécanisme adopté par Noémie et sa mère est celui de la surenchère. Chacune est dans son registre, qui le logos, qui le pathos, et focalise sa communication sur ce registre, faisant de plus en plus ce qu'elle faisait déjà beaucoup. La conversation devient de moins en moins efficace, et finit par se rompre.

Dans le cas de Tiphaine et de Jean-Marc, les stratégies évoluent de manière un peu différente. Tiphaine est dans le registre du logos, mais elle ne surenchérit pas dans ce registre. Elle se contente de répéter les mêmes arguments. Ce mécanisme est celui de la litanie. Il est évidemment tout aussi conflictuel, car répéter les mêmes choses sur le même ton, éventuellement teinté de lassitude, c'est envoyer un message assez clair à l'autre : tu es tellement bête et borné que je vais répéter jusqu'à ce que tu comprennes...

À la fin de l'échange, Jean-Marc met brutalement fin à la communication, dévoilant un troisième mécanisme d'escalade conflictuelle : le retrait. Par ce moyen, la personne montre de manière hostile son désaccord en adoptant le silence, en se retirant du dialogue. Ce mécanisme apparaît lorsqu'une personne renonce à sa stratégie privilégiée. Dans le cas de Jean-Marc, il ne souhaite visiblement pas aller sur les autres terrains de l'argumentation rationnelle ou des émotions. Comme le mode « impressionner Tiphaine » ne donne pas les résultats escomptés, il se retire.

Quentin reste pensif. Il aurait besoin d'un peu de temps pour absorber toutes ces notions...

— Une dernière question pour ce soir. Tu m'as parlé de neutralité et d'impartialité, il y a quelque temps. Quelle différence fais-tu entre les deux ?

— Ce sont les éléments de la posture de distanciation du médiateur professionnel. Il y en a trois, en réalité.

— Trois éléments de distanciation ?

— Oui. Il y a l'impartialité. C'est la distance que le médiateur met entre lui et les personnes en conflit afin de ne prendre le parti ni de l'un ni de l'autre.

— OK, et pour la neutralité ?

— La neutralité, c'est sa distance par rapport à la solution. C'est la garantie qu'il n'interviendra pas pour influencer les personnes dans la recherche de leur solution. Il pourra les aider à imaginer toutes les solutions possibles, mais il ne les orientera pas vers l'une ou l'autre.

— Pourtant, il est là pour les aider à la trouver, non ?

— Oui, il les aide dans leur réflexion pour explorer toutes les voies possibles, et surtout pour éclairer toutes les conséquences des différentes options. Mais il ne les influence pas.

— Je comprends. Et le troisième élément ?

— C'est l'indépendance, la distance que met le médiateur entre lui et toute forme d'autorité, culturelle, étatique, judiciaire, religieuse, hiérarchique, etc. C'est la garantie qu'il n'est pas là pour défendre autre chose que l'intérêt des parties.

— Je vois. Une dernière question…

— Ce n'était pas déjà la dernière ? demande Antoine en souriant.

— Cette fois c'est la dernière. Tu m'as dit que l'on pouvait parler avec une personne en colère sans absorber ses émotions. Je crois que cela me serait utile, au quotidien. Comment faire ?

— Effectivement, c'est très utile. Et c'est une compétence que n'importe qui peut acquérir. En revanche, ce n'est pas un apprentissage facile.

— Bon, soupire Quentin. Tu ne vas pas me donner la recette tout de suite, alors…

— Je veux bien, mais tu risques l'indigestion, répond Antoine en riant. Voici ce que je te propose. Tu te souviens de ce qui déclenche les émotions conflictuelles ?

— Oui, les fameux PIC, prêts d'intentions négatives, interprétations ou jugements, contraintes.

— Voilà. Lorsqu'une personne exprime un jugement négatif sur toi, il est possible que tu sois déstabilisé.
— Oui, agacé au minimum.
— Agacé. Bon. Il y a donc quelque chose en toi qui se trouve heurté par ce jugement. Imagine maintenant que tu ne sois pas touché, que ce jugement ne rencontre rien chez toi. Qu'il te traverse sans ralentir, en quelque sorte. Que ressentirais-tu ?
— Je ne sais pas, c'est difficile à imaginer. Où veux-tu en venir ?
— Je te propose d'observer les réactions des personnes dans les prochaines discussions conflictuelles auxquelles tu assisteras, que tu sois impliqué ou non. Pose-toi la question de ce qui fait qu'une communication conflictuelle, jugement, prêt d'intentions ou contrainte, déclenche une réaction chez une autre personne. Qu'est-ce que cette parole, ce geste, cette attitude, heurte chez la personne au point de la faire réagir de manière émotionnelle ? Et vois ce que tu observes.
— Entendu, je le ferai. Il vaudrait mieux que je ne sois pas impliqué, sinon cela va être difficile. Et qu'est-ce que je suis supposé chercher ?
— Des dispositions d'esprit, des préjugés par exemple, qui font que les personnes montent au créneau quand on leur sert des prêts d'intentions, des interprétations ou quand on les contraint.
— Ce n'est pas très clair dans mon esprit, mais je vais y réfléchir. Faisons un match, maintenant, pour nous reposer les neurones…
— Allons-y !

Quentin s'apprête à lancer la balle, mais retient son geste et dit :

— On a beaucoup parlé ce soir des trois modes d'expression : le logos, l'ethos et le pathos. Mais la communication, ce n'est pas seulement exprimer, c'est aussi recevoir. Existe-t-il aussi différents modes de réception ?

— Oui, bien sûr. On retrouve le même triptyque en réception de l'information, avec le mode auditif, le mode visuel, et le mode sensitif. Le mode de réception auditif fait appel à la réflexion, le mode visuel à l'imagination et le mode sensitif aux affects.

— Tu veux dire que certaines personnes ont une réception de l'information plutôt visuelle ou auditive ? Je comprends, mais c'est quoi le mode sensitif ? Tu penses au toucher ?

— Mais oui ! Regarde bien autour de toi. Parfois, tu vois des personnes se parler, les termes sont convaincants, la gestuelle adaptée, mais rien à faire, le courant ne passe pas. Et d'autres fois, tu vois des personnes se toucher, même un geste fugitif, un contact physique éphémère, et la connexion se fait, la confiance s'établit.

— Oui, c'est vrai.

— Et tu retrouves ce même mécanisme en trois modes dans le traitement de l'information par le cerveau. Le premier mode est analytique, rationnel, logique. Le deuxième est analogique, basé sur des comparaisons, des associations d'idées. Le troisième est émotionnel, affectif, c'est quand tu dis : « Ça me plaît » ou « Ça ne me plaît pas ».

— Ce modèle que tu me proposes là, c'est une représentation de la personne comme un véritable système relationnel. Et tu veux me faire croire que cela fonctionne à tous les coups ?

— Te le faire croire, non, nous sommes dans le registre de l'observation, pas de la croyance. La communication des personnes fonctionne selon un système rationnel, je t'invite à le constater par toi-même. Ce qui ne veut pas dire qu'elle est limitée. Un peintre peut coucher sur sa toile une variété infinie de couleurs, de formes, de représentations, réelles ou imaginaires, avec seulement trois couleurs de base : le rouge, le bleu et le jaune. Nous, nous avons neuf éléments de base de la relation à l'information. Trois en réception, trois en traitement, trois en émission. Tu imagines la richesse de nos possibilités pour communiquer…

— Oui, en effet. Et en situation de conflit, en se focalisant sur un mode de communication particulier, nos capacités de réception, de traitement et d'émission de l'information se trouvent restreintes ?

— Eh oui… Les émotions conflictuelles réduisent nos capacités de communication. Cela participe de l'escalade conflictuelle. On s'arrête pour ce soir ? Prêt pour la balle d'engagement ?

L'essentiel : expression, réception et traitement de l'information dans une relation conflictuelle

Dans toute communication interpersonnelle, il y a trois formes d'expression : le logos, l'ethos et le pathos.

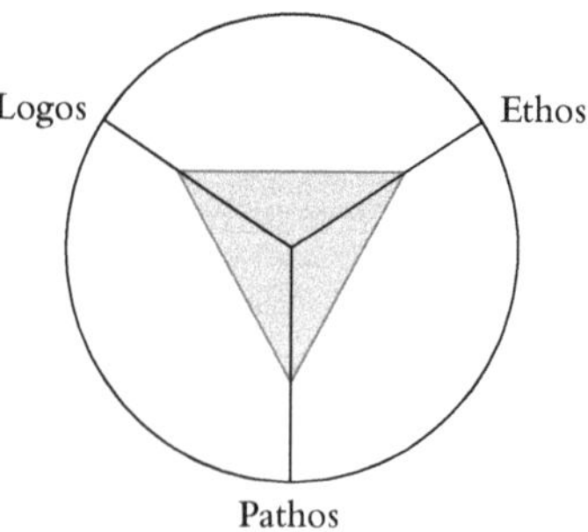

Selon les circonstances, les habitudes, les interlocuteurs, selon leurs intentions aussi, les personnes s'expriment en privilégiant tel ou tel mode. En situation conflictuelle, des mécanismes d'escalade se mettent en place. Les personnes font de la surenchère, c'est-à-dire qu'elles font de plus en plus ce qu'elles faisaient déjà beaucoup, et de moins en moins ce qu'elles faisaient déjà peu.

Dans le même temps, leurs stratégies de réception de l'information se polarisent, elles sont de moins en moins réceptives dans certains registres, auditif, visuel ou sensitif. Et si l'autre personne privilégie un mode d'expression qui se trouve justement dans l'un de ces registres affaiblis, la communication ne peut que se dégrader.

Enfin, après l'émission et la réception, la manière de penser se focalise elle aussi sur une dimension particulière : analytique, analogique ou affective. La personne sous l'emprise des émotions a de plus en plus de mal à réfléchir différemment, à voir les choses autrement.

La représentation graphique de cette observation est la suivante, et s'applique aux trois manières de traiter de l'information : émettre, recevoir, réfléchir.

Stratégie focalisée sur la dimension logos

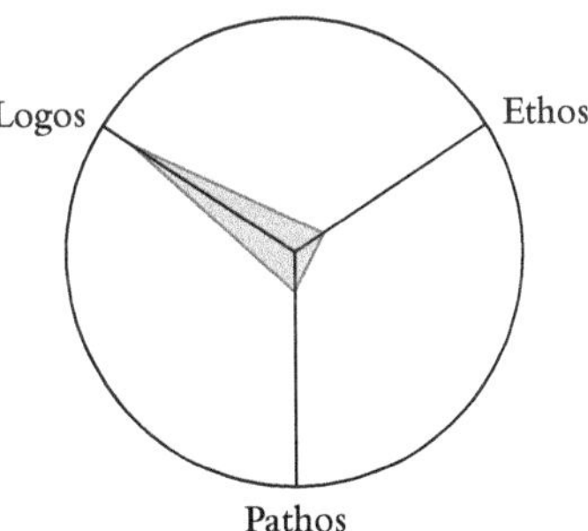

Stratégie focalisée sur la dimension ethos

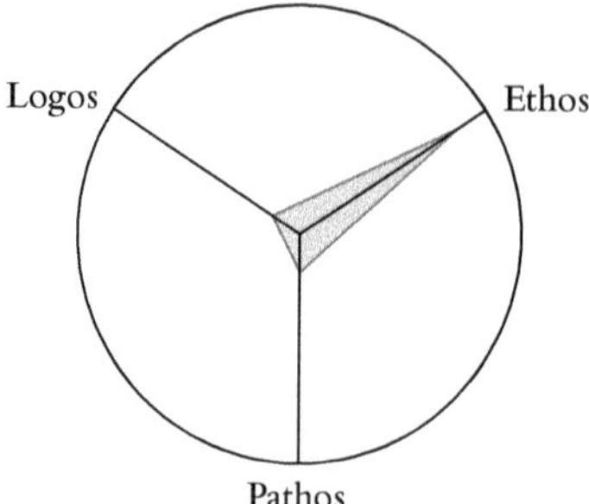

Stratégie focalisée sur la dimension pathos

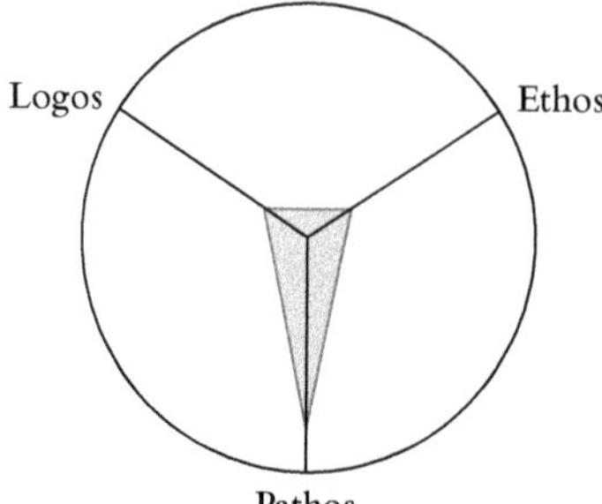

La dynamique de la surenchère est fondée sur cette observation des comportements des personnes en relation.

Exercice : observez les mécanismes de l'escalade conflictuelle

Observez dans votre entourage des épisodes de tensions relationnelles. Pas nécessairement des conflits, mais des situations dans lesquelles les personnes s'agacent, ne parviennent pas à se comprendre facilement, des situations de communication heurtée. Analysez le comportement des personnes, leur manière de réagir, et retrouvez les trois mécanismes de l'escalade : la surenchère, la litanie, le retrait.

Chapitre 5

Le terrain conflictuel

Mercredi 4 décembre, 15 h 22

Quentin et Jean-Marc errent dans l'aéroport à la recherche du comptoir d'embarquement pour leur avion à destination de Francfort. Le nez en l'air à scruter les panneaux indicateurs, Quentin manque bousculer une dame. C'est Caroline, la sœur de Noémie, avec son mari, qui semblent chercher leur chemin, eux aussi.

— Tiens ! s'exclame Quentin d'un ton enjoué. Ça alors, quelle surprise ! Que faites-vous ici ?

— Bonjour, dit Caroline du bout des lèvres. Nous revenons d'Afrique du Sud.

Elle semble mécontente de cette rencontre inopinée.

— Ah ! Et c'était bien ?

— Oui, oui, très bien. Bon, à une prochaine fois…

Et Caroline et son mari s'éloignent rapidement. La rencontre prend fin aussi brusquement qu'elle a commencé.

Abasourdi, Quentin reste planté au milieu du hall, sa valise à roulettes à la main. « Qu'est-ce qui lui prend ? », se demande-t-il.

— C'était ma belle-sœur avec son mari, dit-il à Jean-Marc.

— Ta belle-sœur ? Ben dis donc, ce n'est pas l'entente cordiale…

— On dirait. Je me demande pourquoi.

— Je croyais que tu cherchais à améliorer ton fonctionnement relationnel, depuis quelque temps… Tu as peut-être tenté des expériences malheureuses sur ta belle-sœur ? hasarde Jean-Marc, un rien moqueur.

Ils reprennent leur chemin. Quentin est perdu dans ses réflexions. Comment expliquer le comportement de Caroline ? Elle s'est carrément montrée grossière, et devant son collègue, en plus ! S'est-elle disputée avec Noémie ? Mais est-ce une raison pour lui faire la tête à lui ? S'est-elle formalisée qu'il manque la bousculer ? Quand même pas ! Il cherche des indices dans les événements récents. En vain. « Bizarre », conclut-il.

Deux heures plus tard

Quentin et Jean-Marc sont confortablement installés dans l'avion, en attente du décollage. Jean-Marc est plongé dans le journal économique qu'il a pris en montant dans l'appareil. Quentin repense à sa rencontre avec Caroline.

« C'est peut-être une bonne occasion de repenser à la proposition d'Antoine : identifier ce qui fait qu'une communication conflictuelle déclenche une émotion. La communication de Caroline m'a parue bien conflictuelle et je me suis senti mal à l'aise. Pourquoi ?

Commençons déjà par identifier les PIC. Je vois du mépris, du dénigrement de sa part. C'est un jugement. Il y a une contrainte, aussi, le fait de me laisser planté là. Mais qu'est-ce qu'elle a bien pu heurter en moi ?

De toute évidence, elle ne voulait pas me parler. Cela me paraît factuel. Ou plutôt non, ce qui est factuel, c'est qu'elle m'a très peu parlé. Dire qu'elle ne voulait pas, c'est une supposition que je fais. Peut-être qu'elle ne *pouvait* pas. Mais pourquoi ?

Et y avait-il vraiment du mépris dans son attitude ? Peut-être, peut-être pas. C'est aussi une interprétation de ma part.

J'ai bien joué un rôle quand je me suis laissé déstabiliser par cette rencontre. Quelque chose était là, en moi, qui a permis au comportement de Caroline de me déstabiliser.

Je crois que je commence à comprendre. Je ne sais rien des raisons du comportement de Caroline, mais cela m'a tout de même déplu. Et cela m'a déplu parce que j'ai pensé que son attitude était dirigée contre moi. C'est la première explication qui m'est venue à l'esprit. C'est même la seule. Mais son empressement à s'éclipser n'avait peut-être rien à voir avec moi. J'aurai pu supposer qu'elle avait de très bonnes raisons d'agir ainsi, même si elles m'étaient inconnues. Je l'aurais beaucoup mieux vécu. Il me semble que cela rejoint ce que disait Antoine à propos de la confiance et de la méfiance. Cela me rappelle ce singe qui se masturbait... »

La voix de Jean-Marc l'interrompt dans ses réflexions. Ce dernier est sur la page des cours de la Bourse.

— Aïe ! Cela n'arrête pas de baisser, quelle galère !

— Que t'arrive-t-il ?

— Je prends un méchant bouillon en Bourse. J'ai acheté des actions d'un groupe sidérurgique, il y a six mois. Un placement de bon père de famille, m'a dit mon conseiller bancaire. Tu parles ! Le cours de l'acier n'arrête pas de baisser, et mes actions avec !

— Et tu en as pour beaucoup ?

— J'en ai acheté pour 100 000 euros, mais le cours a pris moins 15 %. J'ai déjà perdu 15 000 euros !

— Ce doit être désagréable, en effet ! Tu as d'autres actions, dans ton portefeuille ?

— Non. C'était une première expérience pour voir.

— Que vas-tu faire ?

— Je ne sais pas trop. Comme dit l'adage, tant qu'on n'a pas vendu, on n'a pas perdu…

— Oui, c'est une manière de voir. Cela me rappelle ce type qui a sauté en oubliant son parachute, et qui se disait tout le temps de la descente « Jusqu'ici, tout va bien… ».

— Je te remercie de tes encouragements. Je voudrais sortir de ce pétrin, mais si je le fais maintenant, je perds la moins-value. Et si les cours se remettent à monter, cela va quand même me faire un peu mal…

— Tu penses qu'ils pourraient remonter bientôt ?

— Les Chinois demandent toujours plus d'acier, ils vont bien finir par tirer les cours vers le haut !

— Si tu t'en débarrasses maintenant, tu sais ce que tu perds. Et si tu ne vends pas ?

— Si je ne vends pas, je ne sais pas jusqu'où cela peut descendre. Et mes nerfs risquent de finir par me lâcher. Peut-être que je me séparerai de mes actions encore plus bas.
— Pourquoi tu vendrais, tu pourrais en avoir besoin ?
— Non, pas tout de suite. C'est de l'argent que je réserve pour les études des enfants. Je n'en ai pas besoin avant quelques années. Si je vends, c'est parce que je ne supporte plus l'angoisse de voir fondre mon capital. Et ma femme commence à me faire la tête. Déjà qu'elle ne voulait pas que je joue en Bourse…
— Tu as peur de sa réaction si tu prends un bouillon ?
— Oui, si je m'en sors avec une perte, qu'est-ce que je vais entendre ! Cette histoire me pourrit la vie, mais en même temps je n'ai pas trop le choix.
— Tu n'as pas le choix ? Quel serait le prix à payer pour te débarrasser de ce poids, pour arrêter de te pourrir la vie ?
— Je suppose, 15 000 euros.
— En quelque sorte, c'est le prix de ta liberté. Et cela te paraît trop cher payé ?
— Hum ! Il y a aussi que si je réalise ma perte maintenant, je montre clairement à ma femme que je me suis conduit comme un abruti.
— Tu crois qu'elle a encore des doutes, sur ce coup-là ?

Jean-Marc ne répond pas.

Vendredi 6 décembre, 19 h 15

Quentin est installé à la terrasse d'un café en compagnie d'Antoine. Ils parlent des dernières observations de Quentin.

— Après ta rencontre avec Caroline à l'aéroport, dit Antoine, tu pensais quoi ?

— J'étais surtout très perplexe. Un peu vexé, aussi. Elle m'a traité comme une vague connaissance inopportune.

— Tu as pris son comportement comme étant dirigé contre toi.

— Logique, c'est à moi qu'elle parlait…

— Mais peut-être que cela n'avait rien à voir avec toi. C'est ton interprétation qui a été la cause de ton désagrément. On appelle ce mécanisme le « prendre pour soi » et on le retrouve dans beaucoup de relations conflictuelles.

— En réalité, tu ne crois pas si bien dire. J'ai eu le fin mot de l'histoire quelques jours après. Caroline et son mari avaient mangé des crudités juste avant de monter dans l'avion à Johannesbourg. Quand nous nous sommes rencontrés, ils étaient en proie à une turista carabinée, et cherchaient désespérément les toilettes de l'aéroport !

— Ah ! Ah ! Je comprends leur empressement à se débarrasser de toi !

— Cette histoire avec Caroline m'a fait repenser à quelque chose, un événement survenu l'été dernier, quand nous étions en vacances dans le Sud.

— Avec Noémie et les enfants ?

— Oui. Nous visitions un parc animalier. Un parc de singes, exactement. Des bonobos. J'étais avec Lucien en train de regarder un groupe de jeunes qui se chamaillaient. À côté de nous, il y avait une femme avec ses deux filles à peu près de l'âge de Lucien. Tout à coup, l'un des singes s'est planté devant nous, et a commencé à se masturber.

— Là, comme ça, devant vous ?

— Oui, comme ça, exactement. Nous le regardions avec curiosité, un peu étonnés aussi. Lucien m'a demandé : « Papa, qu'est-ce qu'il fait le singe ? » Avant que j'aie pu trouver les mots pour lui expliquer, la dame à côté de nous s'est écriée : « Oh ! quelle horreur ! », en même temps qu'elle détournait le regard de ses filles et s'empressait de les éloigner, telle la poule recouvrant ses poussins de ses ailes pour les protéger des griffes de l'épervier. Et le plus intéressant, ce sont ses paroles en partant. Elle a dit : « Qu'est-ce qu'ils sont vulgaires, ces singes ! »

— Et cela t'a inspiré une réflexion ?

— Oui, j'ai fait un parallèle avec Caroline.

— Caroline, la poule, le singe..., tu peux préciser ?

— Tout d'abord, je me suis interrogé sur cette idée de la vulgarité. C'est plutôt une considération d'ordre social, la vulgarité. Cela consiste à faire des choses qui ne se font pas habituellement en société, se comporter de manière non conforme à des règles de bonnes mœurs.

— Oui, quelque chose comme cela.

— Cette dame a interprété le comportement du singe en fonction de ses règles à elle. Il me semble que c'est ce même mécanisme : prendre pour soi quelque chose qui en réalité n'a rien à voir avec soi. La particularité du singe, c'est que son comportement ne peut pas être interprété avec les normes des humains, de toute évidence. Il y a une différence avec le cas de ma belle-sœur, dans lequel on peut voir une transgression des règles sociales, de courtoisie par exemple.

— Oui, c'est vrai.

— Quoi qu'il en soit, avec Caroline ou avec le singe, la réalité est sans ambiguïté. C'est l'interprétation qui est fausse. Dans les deux cas, prendre pour soi est une simple erreur d'appréciation. Mais qu'en est-il lorsqu'il y a malveillance, objectivement ?

— Tu veux dire quand le comportement de l'autre personne a pour effet de te causer un désagrément, et que cette personne en est consciente ?

— Non seulement quand elle en est consciente, mais surtout quand c'est son principal objectif ! Tiens ! J'ai un exemple récent. Quand je suis parti pour Francfort, j'ai laissé ma voiture trois jours dans une rue voisine car je n'ai pas trouvé de place devant chez moi. Quand je l'ai récupérée, quelqu'un m'avait fait de grandes rayures sur la carrosserie. Et je sais qui c'est : un type qui roule en 4×4 Porsche et qui veut absolument se garer devant chez lui. Tu ne me diras pas que là, ce n'est pas dirigé contre moi !

— Cela ne t'a pas plus, on dirait.

— Non, je n'ai jamais supporté ces gens qui se croient tout permis parce qu'ils roulent en Porsche, c'est plus fort que moi !

— Pourtant, la démarche de ton voisin est la même que celle de Caroline.

Prendre pour soi

> Le mécanisme du prendre pour soi consiste à interpréter les propos et les actions des autres en fonction de soi. Il revient à faire une lecture subjective de la réalité en la centrant sur soi, sur ses propres ressentis.

Quentin voit bien que le comportement de Caroline n'était dirigé contre personne en particulier. Il était dicté par un besoin pressant. Tout comme pour le singe. À l'aéroport, Quentin constituait un obstacle à la satisfaction de ce besoin, d'où le mécontentement de Caroline de le trouver là. *A posteriori*, avec l'explication en tête, l'agacement de Caroline semble légitime à Quentin.

En revanche, le comportement du voisin lui semble inacceptable bien qu'il relève exactement du même fonctionnement. Le propriétaire de la Porsche a besoin de garer son engin à proximité de sa maison. Peut-être pour garder un œil dessus. La voiture de Quentin constitue un obstacle à la satisfaction de ce besoin, ni plus ni moins.

Bien sûr, il est possible de discuter de la légitimité du besoin en question. Plus légitime, moins légitime... C'est une question d'appréciation, d'interprétation. De même que le besoin, le moyen mis en œuvre pour atteindre l'objectif – interrompre brutalement une conversation, rayer une carrosserie – peut sembler plus ou moins légitime, plus ou moins proportionné. Là encore c'est une question d'appréciation subjective.

Quoi qu'il en soit, ce mécanisme du prendre pour soi suscite inévitablement des émotions négatives et déclenche dans le même temps une recherche des intentions malveillantes de l'autre personne. Il alimente donc la mécanique conflictuelle.

Quentin et Antoine restent un moment en silence à siroter leur boisson. Quentin reprend :

— Nous y reviendrons une autre fois, si tu veux bien. J'aimerais bien te parler d'une discussion que j'ai eue avec un collègue dans l'avion pour Francfort. Il y a six mois, ce collègue, Jean-Marc, a investi en Bourse sur une action qui n'arrêtait pas de baisser. Il en était à 15 000 euros de perte mais il ne pouvait pas se résoudre à vendre. Et selon ses propres termes, cette affaire lui pourrissait la vie.

— Et lors de cette discussion, que lui as-tu dit ?

— Pas grand-chose, en réalité. J'ai appliqué ta technique : je l'ai laissé parler en essayant de ne pas interpréter, pour comprendre les enjeux tels qu'il les percevait. Il a fini par en évoquer plusieurs. L'enjeu financier, d'abord : les 15 000 euros de perte. Et puis l'amour-propre : le fait qu'il a investi bille en tête une somme importante sur une seule valeur, sans rien connaître à la Bourse. Il ne voulait pas être ridicule devant sa femme.

— Et cette conversation t'a fait penser à quelque chose ?

— Attends, ce n'est pas tout ! Nous avons fait notre salon à Francfort sans en reparler, et ce matin il m'a annoncé qu'il avait tout vendu !

— Ah tiens ! Et tu sais ce qui l'a incité à vendre ?

— Notre conversation, je pense. Il m'a dit qu'il ne voulait pas continuer à se pourrir l'existence pour 15 000 euros. Et peut-être aussi qu'il a compris que pour ce qui est de sauver l'honneur devant sa femme, c'était un peu tard…

— Et il t'a dit que cette décision l'avait soulagé ?

— Non, mais ce matin, il en parlait de manière beaucoup plus détendue que dans l'avion. Du coup, j'ai cherché le mécanisme en œuvre pour comprendre comment il s'était trouvé enfermé dans cette situation d'indécision.

— Et tu as trouvé ?

— Il s'accrochait désespérément à l'espoir que les cours allaient remonter. Il était dans l'impossibilité de jeter l'éponge, de considérer la situation de manière calme et rationnelle.

— Effectivement. C'est un autre mécanisme très présent dans les relations conflictuelles : l'incapacité à lâcher prise, l'entêtement.

L'entêtement

L'entêtement est présent dans toutes les relations conflictuelles. Il consiste à s'attacher avec obstination, parfois avec désespoir, à un avantage que l'on convoite ou que l'on refuse de perdre. Ce mécanisme est celui dont est victime le petit l'enfant qui plonge la main dans une grande jarre de bonbons. Il en attrape une poignée et se retrouve bloqué lorsqu'il veut sortir sa main par l'étroit goulot. Elle ne passe plus. Il ne comprend pas, il tire tant et plus, s'énerve en vain. Tant qu'il ne lâche pas les bonbons, il est prisonnier.

Sous l'effet des émotions qui perturbent sa capacité à raisonner, la personne se trouve dans l'impossibilité de prendre du recul. Elle ne parvient plus à considérer de manière détachée, objective et rationnelle le blocage auquel elle est confrontée.

À l'opposé de l'entêtement se trouve le lâcher-prise, qui n'est pas l'équivalent de la résignation, de la soumission fataliste. Le lâcher-prise est un regard lucide, éclairé, que l'on porte sur la réalité. Un regard débarrassé des débordements émotionnels.

Antoine reprend la parole.

— Tu as déjà trouvé deux limites que les personnes s'imposent à elles-mêmes dans leurs relations et qui favorisent leurs émotions négatives : le prendre pour soi et l'entêtement. As-tu vu autre chose ?

— Il y a bien cet informaticien, chez nous, un gars sympa mais râleur. Il est souvent en conflit avec ceux qui viennent lui demander un service. Je n'arrive pas bien à identifier ce qui le pousse à se comporter ainsi.

— Tu peux m'en dire plus ?

— En fait, c'est notre informaticien maison, Serge de son prénom. Quand quelqu'un vient le voir, c'est souvent pour une demande à traiter en urgence et cela le met en rage.

— Il se sent sous pression ?

— Peut-être. En tout cas il reproche aux gens de ne pas anticiper leur demande d'intervention, en particulier quand ils savaient à l'avance qu'elle serait nécessaire. Cela le met littéralement hors de lui. Il vient souvent s'en plaindre auprès de moi. Le dernier exemple en date, c'est quand Jean-Marc lui a demandé des modifications sur une vidéo de présentation pour le salon de Francfort. La veille de notre départ, Serge y a consacré toute la journée et une grande partie de sa soirée. Ce matin, il m'a tenu la jambe une demi-heure sur ce sujet.

— Et quelque chose est sorti de votre discussion ?

— Il m'a d'abord étalé les raisons pour lesquelles cela le met en colère. Le fait surtout que certaines personnes gardent sous le coude pendant longtemps des demandes peu urgentes, et le jour où elles ne peuvent plus attendre, elles les lui transmettent à faire tout de suite. Et cela devient prioritaire.

— Et tu vois un mécanisme conflictuel, ici…

— Oui, le fait qu'il se mette en colère. Je l'ai interrogé pour comprendre, lui demandant depuis combien de temps il était à ce poste, s'il avait toujours observé ce type de comportement, s'il voyait une évolution vers le mieux ou le pire. Cela fait donc sept ans qu'il est là, et c'est ainsi depuis son arrivée, malgré le fait qu'il râle à chaque fois. Quand il pique une crise, cela s'arrange quelque temps, puis la personne reprend ses mauvaises habitudes.

— Tu lui as fait observer que ce n'était pas nouveau, et que ses colères n'y changeaient pas grand-chose.

— Oui. Je lui ai indiqué qu'il y avait deux options : changer la manière de fonctionner des personnes dans l'entreprise, ou changer sa manière de réagir.

— C'est bien vu. Et il a répondu ?

— Qu'il était hors de question qu'il se mette à accepter ces méthodes de travail, que ce n'est pas comme cela qu'il fonctionnait, qu'il ne changerait pas. Et c'est ce mécanisme que je ne parviens pas à catégoriser. Il me paraît assez conflictuel, et s'apparente un peu à ce que tu appelles l'incapacité à lâcher prise.

— Ton informaticien n'imagine pas de fonctionner autrement qu'en se mettant en colère.

— Voilà. Tu as bien un nom pour ce type de mécanisme ?

— Oui, je l'appelle le fatalisme fonctionnel. Tu l'as toi-même mis en œuvre tout à l'heure…

— Hein ? Moi ?

Le fatalisme fonctionnel

Le fatalisme fonctionnel correspond à ce que nous considérons immuable dans nos manières de penser ou d'agir. Il apparaît par exemple lorsque nous disons : « Moi, je suis comme ça, c'est à prendre ou à laisser », « Il ne tient pas ses promesses, on ne peut pas lui faire confiance », « Je suis incapable de laisser dire une chose pareille, c'est au-dessus de mes forces ». Ce faisant, c'est nous-même que nous enfermons dans des limites imaginaires, et parfois les autres.

Le fatalisme fonctionnel permet de poser un cadre qui a les apparences de l'objectivité, du factuel, de l'immuable, mais il cache en réalité une limite à laquelle nous sommes confrontés, ou une volonté qu'il nous est difficile d'assumer. Serge, l'informaticien, a par exemple besoin d'un minimum de planification. Il estime qu'il ne peut pas fonctionner autrement, et que c'est aux autres de s'adapter.

Antoine a détecté ce même mécanisme chez Quentin lorsque ce dernier a évoqué son voisin à la Porsche. En affirmant qu'il ne supporte pas ceux qui se croient tout permis, que c'est plus fort que lui, il pose une limite infranchissable, presque mécanique, au-delà de laquelle le comportement du voisin entre dans la zone de l'inacceptable.

Outre le fait qu'elle favorise les émotions conflictuelles, le fatalisme fonctionnel est une attitude déresponsabilisante car elle conduit à donner une apparence réelle, factuelle, objective, à un comportement qui résulte en réalité de la volonté de la personne ou de son incapacité à penser autrement. La limite est présentée comme indépendante de la volonté de celui qui la pose. Il s'affranchit donc du besoin de l'assumer.

Quentin reste pensif un moment.

— Bon, OK, je suis d'accord avec toi sur ce point, dit-il.

— Je te remercie.

— Mais pour en revenir à mon voisin avec sa Porsche, il y a quand même une chose qui me chiffonne.

— C'est l'idée de la légitimité, peut-être, que tu lui contestes…

— Oui. Autant je comprends ma belle-sœur, autant j'ai du mal à trouver légitime le procédé de mon voisin. Et l'idée aussi qu'avec ce principe, il ne me reste qu'à avaler ses perfidies sans rien dire, et c'est lui qui gagne à tous les coups ! C'est la porte ouverte à tous les excès.

— Tu te dis que si tu ne peux pas combattre ce type de comportements, il ne te reste que la soumission résignée. Et cela te paraît inacceptable…

— Évidemment, que c'est inacceptable ! Et qu'est-ce qu'il pourrait y avoir d'autre comme solution ?

— Voilà une bonne transition vers une prochaine discussion ! Je te propose de réfléchir aux différentes manières de sortir d'une relation conflictuelle.

— Tu veux dire en dehors de celles qui consistent à rendre les coups ou à se soumettre ?

— Toutes les stratégies de sortie, celles-ci incluses.

— Je n'en vois pas vraiment d'autres… Tu peux m'aiguiller un peu ?

Antoine regarde son ami en souriant.

— Tu en as plus ou moins identifié deux, et il y en a six…

— Six ? Tu es sûr ? s'étonne Quentin.

— Globalement, tu peux sortir des conflits selon deux approches : l'adversité ou l'altérité. Et dans les deux cas, tu as trois stratégies possibles.

— Qu'est-ce que l'altérité, dans ton esprit ?

— Nous avons parlé de ce qui déclenchait les relations conflictuelles, tu te souviens ?

— Oui, les PIC. On a parlé d'escalade, aussi.

— Si l'on en reste aux PIC, peux-tu imaginer des comportements relationnels qui ne soient pas fondés sur ces mécanismes et qui permettraient malgré tout de sortir des relations conflictuelles ?

— Tu veux dire, dans le cas de mon voisin, sans penser de lui que c'est un abruti, qu'il fait tout pour me contrarier, et que la seule bonne manière de répliquer serait de cabosser son bijou en représailles ?

— Oui, à peu près…

— Si ce n'est en m'écrasant, je ne vois pas ce que je pourrais faire. Mais je vais y réfléchir.

— On en reparle lundi, lors de notre prochaine soirée ping-pong ?

— Entendu.

L'essentiel : les prédispositions conflictuelles

Le conflit est composé de plusieurs éléments, dont les émotions, elles-mêmes déclenchées par les propos jugeants, les prêts d'intentions, les contraintes. Ce sont les PIC. Mais pour qu'une parole conflictuelle déclenche réellement une émotion, il faut qu'elle heurte quelque chose dans l'esprit de celui qui la reçoit. Parmi les dispositions d'esprit qui favorisent l'émergence des émotions, il en est trois que l'on retrouve très souvent dans les relations conflictuelles : le prendre pour soi, l'entêtement et le fatalisme fonctionnel.

Le prendre pour soi consiste à s'imaginer que les comportements des autres ont une visée nous concernant, un objectif malveillant.

L'entêtement est l'attitude par laquelle une personne perd de vue son intérêt sous l'effet des émotions et s'obstine à poursuivre envers et contre tout un objectif qu'elle s'est fixé.

L'entêtement présente une dimension irrationnelle, déconnectée de la réalité.
Le fatalisme fonctionnel est le mécanisme par lequel une personne présente ses besoins, ses attentes, ses choix et manières de penser comme des limites infranchissables, indépendantes de sa volonté.

Exercice n° 1 : trouvez les dispositions conflictuelles

Lisez chacune des situations suivantes puis notez en dessous s'il s'agit selon vous d'une disposition d'esprit « prendre pour soi », « entêtement » ou « fatalisme fonctionnel. »

1. Deux salariés parlent de leurs conditions de travail difficiles en raison d'une forte pression de la direction. L'un d'eux dit : « La direction m'en veut vraiment et cherche à me faire craquer, il faut le savoir. »

   ....

2. Deux frères se disputent. Une voisine affirme : « Ces deux-là ont des personnalités incompatibles. »

   ....

3. Un homme marche dans la rue, un autre arrive en sens inverse. Il le regarde, continue son chemin sans dévier, et c'est au premier homme de s'écarter. Leurs épaules se heurtent au passage, et cela l'agace.

   ....

4. Dans une fratrie, l'un des enfants a hébergé les parents jusqu'à leur mort, et largement bénéficié d'avantages financiers durant cette période. Les frères et sœurs se déchirent sur la répartition de l'héritage. Les uns disent : « Tu as reçu des sommes disproportionnées quand tu as hébergé nos parents » ; l'autre répond : « Vous n'imaginez pas à quel point cela a été difficile au quotidien. »

   ....

5. La présidente et fondatrice d'une association qui a largement dépassé l'âge de la retraite est confrontée à une concurrence inattendue pour l'élection du futur président. Elle dit, en parlant de l'autre candidat : « C'est moi qui ai créé cette association, il n'y comprendra jamais rien. »

   ....

Solution

1. Le salarié se pose en victime d'agissements de la direction, dont l'un des objectifs serait de le faire souffrir personnellement. À la limite, la stratégie de la direction est peut-être d'inciter le salarié à la démission, plutôt que de le faire souffrir. La souffrance apparaît comme un outil au service d'un objectif. Mais l'outil n'est pas l'objectif. Il s'agit donc du mécanisme du « prendre pour soi ».
2. Affirmer qu'une dispute, même récurrente, provient de différences de personnalités, c'est réduire la relation de ces enfants à un seul déterminant particulier, indépendant des circonstances, de l'état d'esprit des protagonistes. Il s'agit du fatalisme fonctionnel appliqué aux autres, doublé d'une généralisation.
3. L'agacement du premier homme vient du fait qu'il attribue à l'autre homme une intention, celle de le forcer à s'écarter pour lui laisser le passage, une forme d'indifférence et même de mépris. Mais il est tout à fait possible que cet homme soit en réalité aveugle, ou particulièrement distrait ou préoccupé. Dans tous les cas, l'agacement provient du fait qu'il se pose en victime, et c'est donc le mécanisme du « prendre pour soi » qui est en jeu ici.
4. Les uns attachent une grande importance aux sommes d'argent reçues, l'autre attache une grande importance aux difficultés rencontrées. Le sens de l'équité apparaît de part et d'autre comme un moteur de l'incapacité à lâcher prise.
5. Plusieurs mécanismes sont en jeu ici. En premier lieu, la présidente fait un lien de cause à effet entre la création de l'association et l'incapacité de

l'autre à la comprendre. Cette association n'est pas logique, et laisse entendre que la présidente actuelle reste attachée à sa fonction. Il s'agit du mécanisme de l'incapacité à lâcher prise. L'expression « Il ne comprendra jamais » relève également du fatalisme fonctionnel.

Exercice n° 2 : identifiez vos prédispositions

Notez ci-dessous ce qui dans votre manière de communiquer, à la maison ou au travail, relève des différentes dispositions d'esprit conflictuelles :

Prendre pour soi :

....

....

....

Entêtement :

....

....

....

Fatalisme fonctionnel :

....

....

....

Chapitre 6

Les stratégies de sortie en adversité

Mardi 10 décembre, 10 h 20

Quentin a sous les yeux la lettre de démission de Tiphaine, arrivée le matin même. Sans être totalement pris au dépourvu, il se sent un peu triste. Il sait que la jeune femme apprécie son travail chez TB Logistics et elle est très estimée de ses collègues. Rédiger cette lettre de démission a dû beaucoup lui coûter.

Il consulte l'agenda électronique de Tiphaine. Elle est absente jusqu'en fin d'après-midi. Il programme une réunion avec elle pour 17 heures le jour même. C'est alors que Jean-Marc fait irruption dans son bureau.

— Tu es au courant, pour Tiphaine ? demande-t-il en entrant.

— Oui, j'ai reçu sa lettre de démission.

— C'est donc vrai, alors. Qu'est-ce qu'elle raconte ?

— Qu'elle ne veut plus travailler dans ces conditions et qu'elle s'en va à l'issue du préavis normal de trois mois. Je n'en sais pas plus, je lui ai demandé de venir en fin d'après-midi pour en parler.

— Et tu vas lui dire quoi ?

— Je vais surtout lui demander pourquoi elle s'en va, et ce que l'on pourrait faire pour la retenir. C'est quand même une bonne commerciale, elle a un bon relationnel avec les clients et elle est très appréciée de ses collègues. Ce serait dommage qu'elle s'en aille.

— Attends ! Si c'est ce qu'elle veut, qu'elle parte ! Mais il ne faudrait pas qu'elle emmène nos clients. Il y a certainement plus d'une société de logistique qui la récupérerait volontiers pour son réseau. J'espère que tu as bien ficelé la clause de non-concurrence sur son contrat de travail.

— C'est tout ce qui te préoccupe ? Conserver les clients de TB Logistics ?

— Je ne vais pas pleurer son départ ! Il faut que le business continue. De toute façon, cela couvait depuis un certain temps. On n'arrivait plus à travailler ensemble, il fallait que cela s'arrête. Et c'était elle ou moi. Alors autant que ce soit elle !

— À t'entendre, on croirait presque que tu es content qu'elle s'en aille.

— J'en ai un peu marre de tout le temps négocier, elle est trop difficile à contrôler. C'est un électron libre parmi les commerciaux, et moi j'ai besoin d'une équipe cohérente et soudée, de pouvoir compter sur les gens. Avec elle, j'ai presque peur de lui demander quelque chose. Tu comprends bien que cela ne peut pas fonctionner.

— Ta position, c'est de la laisser partir, et de faire en sorte que son départ n'ait pas de conséquences sur le business.

— Tu ne vas pas me faire la morale, en plus ! Les choses sont relativement simples. Elle s'en va, on la remplace par quelqu'un de plus facile à manager, et c'est réglé. Voilà. Je te laisse, j'ai un rendez-vous.

— Bon. Merci.

Resté seul, Quentin repense à sa conversation avec Antoine sur les stratégies de sortie de conflit en adversité ou en altérité.

« Pour ce qui est de la manière dont Jean-Marc vit les choses, je dirais plutôt qu'il est dans l'adversité. Mais quelle est sa stratégie ? Il cherche visiblement à préserver ses intérêts. C'est elle qui s'en va, lui garde les clients et confie son portefeuille à un autre commercial. Cela me paraît bien, comme première stratégie : mettre un terme à la relation conflictuelle en position de force, en soumettant l'autre personne. »

Même jour, 17 heures

Tiphaine entre dans le bureau de Quentin.

— Ah, bonjour Tiphaine. Je t'attendais.

— Je m'en doute, puisque tu m'as convoquée.

« Ça commence bien, pense Quentin. Elle a répondu sur un ton ou perce l'agacement, l'hostilité, presque. Cela confirme mon impression qu'elle n'a pas démissionné de gaîté de cœur. »

— Je suppose que tu as reçu ma lettre, dit Tiphaine.

— Oui. Et je voulais t'en parler. Tu sais à quel point tes collègues t'apprécient…

— Stop, je n'ai pas envie de discuter. Je suis fatiguée, j'ai envie que cela s'arrête. C'est tout. Alors réglons les choses au plus vite, et *bye*.
— Tu veux partir avant la fin de ton préavis ?
— Si c'est possible, je préférerais, oui. Déjà que l'ambiance était moyenne avec Jean-Marc, elle va devenir exécrable maintenant que j'ai donné ma démission. Alors autant en finir tout de suite.
— Ce n'est pas négociable, alors.
— Je ne supporte plus de travailler avec lui, il me rend la vie impossible. Que veux-tu négocier là-dedans ?
— Et tu as déjà un autre poste ?
— Non. Ma priorité c'est de partir d'ici. Après, je verrai.
— Tu sais que tu as une clause de non-concurrence…
— Oui, je sais. Ne t'inquiète pas, je ne vous piquerai pas vos clients et je n'irai pas travailler pour un concurrent. Je n'ai aucune envie d'avoir des relations avec TB Logistics, pas même devant un tribunal.

Quentin perçoit l'amertume dans les propos de Tiphaine. Il en est peiné pour elle.

— Et financièrement, tu attends quoi ? Je ne vais pas pouvoir te verser d'indemnités, puisque c'est une démission.
— Tant pis. Tu peux me payer mon préavis ?
— J'en doute…
— Bon. Fais ce que tu peux, répond Tiphaine en se levant. Merci.
— Bonne soirée.

Elle est partie. L'entretien a duré dix minutes.

« Voilà une autre stratégie de sortie, se dit Quentin. Une sorte de fuite, on dirait bien. Son seul objectif est de couper toute relation, quelles qu'en soient les conséquences. Cela me paraît relever de l'adversité, là encore. Il y a de la contrainte, des jugements négatifs, et elle lui prête même de mauvaises intentions quand elle dit qu'il lui rend la vie impossible. On a donc bien là une stratégie de sortie en adversité. Cela m'en fait deux avec celle de Jean-Marc. »

Il ne se sent malgré tout pas très satisfait, l'humeur de Tiphaine a laissé des traces.

Même jour, 19 h 15

Ce soir-là, Quentin rentre à la maison en ramenant sa morosité avec lui. Il espère que le contact avec sa petite famille l'aidera à retrouver sa joie, sans trop y croire cependant. Il se remémore quelques bons moments passés en famille. Ils datent. Cette pensée achève de l'accabler. « Voilà plusieurs mois que nous n'avons pas pris du bon temps, tous les quatre. Quelle misère. »

Quand il entre dans la maison, il remarque tout de suite que quelque chose ne va pas. Laure est enfermée dans sa chambre et Lucien, assis à la table du salon, a la tête entre les mains et le regard plongé dans un cahier. Quentin ne voit pas son visage, mais à en juger par son immobilité, il doit être de mauvaise humeur. Son impression de malaise est confirmée par les sons qui proviennent de la cuisine, où Noémie prépare le dîner. Quand elle manipule aussi bruyamment les ustensiles, c'est qu'elle est en colère.

Quentin s'approche de son fils et pose la main sur son épaule.

— Que se passe-t-il, Lucien ? demande-t-il.

— Rien.

— Comment ça, rien. Tu es mécontent ?

Lucien hoche la tête en signe d'assentiment.

— Tu veux me dire pourquoi ?

— C'est à cause d'elle, dit Lucien en montrant la cuisine d'un mouvement du menton.

— Vous vous êtes disputés ?

— Oui, elle veut absolument que je fasse mes devoirs pour demain et pour après-demain aussi. À cause d'elle je n'aurai pas le temps de jouer.

— Mais je crois que nous avons quelque chose demain soir, et que nous serons à la maison trop tard pour que tu puisses faire tes devoirs. C'est donc normal que tu les fasses ce soir, non ?

— Ah ! non, tu ne vas pas t'y mettre aussi, j'en ai marre, à la fin !

— Dis donc, tu me parles sur un autre ton, s'il te plaît ! Tu sais très bien que tu ne pourras pas les faire demain soir, tes devoirs. Et si la maîtresse vous les a donnés à l'avance, ce n'est pas par hasard. D'ailleurs, c'est une très bonne habitude de prendre de l'avance sur ses devoirs, tu ne risques pas d'être pris au dépourvu.

— Puisque vous êtes tous contre moi, je m'en vais !

Furieux, Lucien prend ses livres et ses cahiers, se lève et se dirige vers sa chambre.

— Comme tu veux, mais fais tes devoirs, soupire Quentin. Je serai de mauvaise humeur si tu n'as pas tout fait avant de manger.

— Évidemment que je vais les faire, puisque vous m'y obligez !

Il entre dans sa chambre et claque la porte.

Tout en allant se changer, Quentin se sent mécontent de lui-même. Il a le sentiment confus de s'être laissé emporter par ses émotions.

« Jugements, contraintes, prêts d'intentions, surenchère, etc. Oui, tout y est, se dit-il avec amertume. Pourquoi est-ce donc aussi difficile de sortir de ce fonctionnement conflictuel ? Enfin, c'est déjà bien que je m'en rende compte. » Mais cette pensée ne lui est pas d'un grand réconfort.

« Quelle est la stratégie de Lucien ? La fuite, comme Tiphaine ? Pas tout à fait, car Tiphaine veut mettre un terme définitif à la relation avec Jean-Marc, ce qui n'est pas le cas de Lucien. Enfin, pas encore. Une esquive temporaire, alors. Une soumission ? Hum ! Pas tout à fait non plus, on ne peut pas dire que Lucien se soit soumis. Et de mon côté ? Je lui ai expliqué, je l'ai raisonné, lui ai indiqué la meilleure manière d'organiser son temps. C'est une stratégie, ça ? Bon, j'approfondirai avec Antoine. »

Lundi 16 décembre, 19 h 40

Lundi soir, jour de ping-pong. Antoine et Quentin échangent des balles tout en discutant des sorties de conflit observées par Quentin.

— J'ai bien reçu ton e-mail, dit Antoine. Il y a beaucoup de choses dans les conflits que tu évoques. Il y a tout, en fait. Toutes les stratégies de sortie en adversité, en tout cas. En revanche, tu n'as pas parlé de ta relation avec Noémie. Comment se porte-t-elle ?

— Noémie ou ma relation ?

— Ta relation.

— Pathétique. Mais j'ai peut-être une solution.

Silence interrogateur d'Antoine.

— Je vais prendre une maîtresse.

— Une maîtresse ? Comment ça ?

— Bah, on n'a presque plus de relations physiques depuis au moins deux ans. Si elle n'a plus envie de moi, je ne vois pas trop en quoi ça pourrait la déranger. Il faut être logique.

— Et tu as une candidate en vue ?

— J'en ai deux. Une collègue, Christine, qui est responsable juridique chez nous. Elle s'est séparée de son mari il y a un peu plus d'un an. Elle a deux enfants en bas âge.

— Et elle serait d'accord, selon toi…

— Je ne sais pas, je ne lui ai pas demandé, mais on s'entend très bien. Il y a une grande complicité entre nous. Je suis sûr qu'à l'occasion d'un séminaire d'entreprise ou d'un déplacement professionnel, après une soirée un peu arrosée…

— Et l'autre candidate ?

— C'est une jeune graphiste, la petite trentaine, que je fais travailler de temps en temps sur notre communication. Elle est célibataire et vit en province. J'aime beaucoup travailler avec elle, c'est un vrai plaisir. On s'entend aussi très bien. Elle s'appelle Lucie.

— Et tu crois que de son côté…

— Oui, c'est très possible, pour le *fun*…

Quentin reste silencieux un moment. Il attend avec anxiété la réaction de son ami.

— Qu'est-ce que tu en penses ? finit-il par demander.

— Tu sais ce que tu en attends, de cette relation extraconjugale ?

— Un peu de liberté, de détente, de réconfort, un peu de tendresse. Du sexe, aussi. Toutes ces choses que je n'ai plus avec Noémie.

— Tu as tellement besoin de tendresse et de sexe que tu es prêt à les chercher ailleurs ?

— Bof, je ne sais pas si j'en ai besoin à ce point, à presque 50 ans. En tout cas, ce n'est plus possible avec Noémie. Je me sens complètement bloqué, je ne sais plus quoi faire.

— Et comment penses-tu qu'elle va le prendre ?

— Très mal, c'est certain. Si elle l'apprend, des choses vont changer dans notre relation.

— Tu dis que tu ne sais plus quoi faire, alors tu vas mettre Noémie en situation de faire bouger les choses, de prendre des décisions, de faire des choix pour vous deux.

— Hum ! Peut-être. C'est une manière de voir les choses.

— Tu as dit « si elle l'apprend », tu penses qu'elle pourrait ne pas l'apprendre ?

— Si cela se produit, elle l'apprendra.

— Tu veux dire qu'elle pourrait ne pas l'apprendre, parce que cela pourrait ne pas se produire ?

— Oui, on peut le dire comme ça.

— Finalement, ce que tu veux vraiment, ce n'est pas prendre une maîtresse, mais changer ta relation avec Noémie, que tu ne supportes plus. Mais tu ne sais pas comment faire, alors tu as imaginé cette solution.

— Oui, exactement. D'un autre côté, nous n'avons plus de relations, elle et moi. Il n'y a pas de raison qu'elle trouve à redire à cet arrangement.

— Tu tires ta légitimité du fait que Noémie n'a plus envie d'intimité avec toi.

— C'est un peu ça, oui.

— Si l'on y réfléchit, ton histoire de maîtresse, là, c'est très éclairant pour notre réflexion sur les sorties de conflit. Tu as toutes les stratégies dans la même histoire !

— C'est ma confusion que tu trouves éclairante... Je suis content que cela te plaise, grommelle Quentin, sarcastique. Et c'est quoi, pour finir ces stratégies ?

L'abandon

Dans les différentes situations conflictuelles auxquelles Quentin est confronté, les protagonistes s'efforcent de trouver des issues à la fois légitimes et conformes à leurs intérêts. Dans un contexte d'adversité, ces issues sont au nombre de trois : l'abandon, la domination et la résignation.

En situation de conflit, une personne peut avoir le sentiment d'avoir tout fait, tout essayé pour en sortir, mais que cela n'a pas suffi. Elle est alors tentée de disparaître, de fuir une situation devenue intenable, d'abandonner le terrain. L'abandon apparaît comme la seule alternative possible à une relation devenue insupportable. Ce retrait peut résulter en une rupture unilatérale et brutale de la relation, mais il peut aussi se traduire par la fuite dans l'alcool ou la drogue, un sombrement dans la dépression, voire, en situation extrême, par le suicide.

Dans le conflit entre Tiphaine et Jean-Marc, le choix de la jeune femme de démissionner sans négociation relève de cette stratégie d'abandon. Tiphaine n'a qu'une seule envie : rompre définitivement toute relation avec son manager. Elle n'imagine même pas qu'il soit possible de reconstruire une collaboration de bonne qualité.

Pour sortir du conflit avec Noémie, la solution imaginée par Quentin constitue également une stratégie d'abandon. Il n'est pas encore disposé à la mettre en œuvre, il en reste à la menace. Mais c'est bien la menace d'un abandon qu'il agite.

L'abandon est associé à l'idée d'impuissance, de rancœur. La personne qui y a recours a perdu tout espoir que la relation change en mieux.

La domination

La stratégie de domination consiste, pour l'un des protagonistes, à contraindre l'autre partie, d'une manière ou d'une autre, à lui imposer une solution. Elle nécessite que deux conditions soient réunies. La première, c'est la conviction que la discussion n'est plus possible, inutile ou trop compliquée. La seconde, c'est la certitude de pouvoir imposer ses choix par la contrainte. La personne qui met en œuvre cette stratégie doit en effet être convaincue de ses chances de réussir, à tort ou à raison. La stratégie de domination n'est pas toujours couronnée de succès.

Lorsque ces deux conditions sont réunies, la personne s'efforce de l'emporter sur son contradicteur. La domination peut prendre des formes très diverses : la contrainte physique, l'argumentation, la moralisation, le dénigrement, la colère, la menace, la déstabilisation, la disqualification de l'autre, etc. Dans le cas de Jean-Marc et de Tiphaine, il y a dans la posture du manager une part de domination. Il cherche à préserver son intérêt (les clients de TB Logistics) et a recours à la force de la loi pour faire plier Tiphaine. Cette stratégie tombe un peu à plat, du fait que Tiphaine adopte une stratégie d'abandon. Elle laisse le terrain du conflit tout entier à Jean-Marc.

En revanche, la domination s'exprime clairement dans la relation entre Quentin et Lucien. Dans un premier temps, Quentin argumente, raisonne, moralise. Il s'efforce de montrer à Lucien que ses raisons ne sont pas bonnes, « qu'il est bien de faire ses devoirs à l'avance ». Dans un second temps, il a recours à une menace, « Je serai de mauvaise humeur si tu ne fais pas tes devoirs », même s'il n'expose pas clairement ce que pourraient être les conséquences de ce changement d'humeur.

La résignation

Une troisième stratégie apparaît dans le comportement de Lucien : la résignation. Cette stratégie est le pendant de la domination. Elle est mise en œuvre lorsque la personne dominée se soumet à la volonté ou aux décisions de la première, bien qu'elle ne soit pas en accord avec ses choix. Ici, c'est Lucien qui se résigne face au pouvoir autoritaire de son père. Ce peut être aussi le conjoint qui se résigne à supporter les contraintes que fait peser sa compagne ou son compagnon. C'est aussi le salarié qui se résigne à satisfaire les exigences humiliantes de son supérieur, ou à supporter la mauvaise humeur de son collègue.

La résignation apparaît parfois comme une stratégie visant à apaiser la relation conflictuelle en envoyant à la partie dominante un message indiquant qu'il est inutile d'en rajouter dans le rapport de force. Mais le plus souvent, la résignation est associée à une autre stratégie conflictuelle, la dissidence. Cette dernière consiste à montrer sa désapprobation envers la personne qui impose ses choix. Cette manifestation peut prendre des formes très diverses comme le dénigrement, la moquerie ou l'ironie, les lamentations. Elle peut aussi s'exprimer de façon plus active comme le refus de coopérer sans y être forcé, la rétention d'informations, la remise en cause de l'autorité, l'excès de zèle, etc.

Même s'il se résigne, Lucien montre bien qu'il est en colère. Peut-être même cherchera-t-il plus tard à en tirer parti pour obtenir une compensation – un peu plus de temps pour jouer avec sa console, par exemple.

Dynamique des stratégies de sortie en adversité

De toute évidence, les stratégies de sortie en adversité ne donnent pas entière satisfaction, au moins à l'une des parties, voire aux deux. Les équilibres qu'elles permettent sont bancals, instables, et les personnes n'auront de cesse de trouver une meilleure solution.

Dans la pratique, les personnes en conflit adoptent des comportements relevant de plusieurs stratégies. Soit successivement – je commence par me résigner mais je marque mon désaccord et à la première occasion je marque des points –, soit en même temps – je me résigne sur un sujet mais je domine sur un autre.

La stratégie de domination est très inconfortable lorsque son maintien nécessite une lutte de chaque instant. Dans une relation durable, qu'elle soit familiale, de voisinage ou professionnelle, il est difficile de dominer tout le temps et sur tous les fronts. Un équilibre de type domination/résignation sur un aspect particulier de la relation risque bien de se traduire par l'équilibre inverse sur un autre aspect.

De plus, une position de domination déclenche bien souvent la résistance ou la dissidence, ce qui peut conduire la personne en position de domination à adopter en retour un comportement d'abandon ou de résignation, du fait de la lassitude. La personne initialement résignée se retrouve alors en position de domination, même temporairement. Il ne reste à l'autre que le choix de la résignation ou de la dissidence...

Les stratégies de sortie en adversité, on le voit bien, conduisent à des équilibres instables et ne permettent pas de résoudre les conflits. Elles permettent au mieux la gestion du conflit, c'est-à-dire de maintenir la relation conflictuelle dans les limites de l'acceptable.

Heureusement, il existe des mécanismes permettant d'éviter d'entrer dans la dynamique du confit, et même d'en sortir lorsqu'elle s'est enclenchée. Ils ouvrent des perspectives de libération en rétablissant les personnes dans leurs facultés de raisonner, de décider, d'agir, de structurer calmement leurs pensées. Ils permettent des stratégies de sortie de conflit en altérité, avec résolution. C'est ce que nous allons voir au chapitre suivant.

L'essentiel : des issues instables au conflit

Il existe trois manières de sortir en adversité d'une relation conflictuelle : l'abandon, la domination, la résignation.

L'abandon consiste à se retirer de la relation, quand c'est possible.

La domination est la stratégie par laquelle une personne impose à l'autre sa volonté.

La résignation, associée à la dissidence, est la stratégie adoptée par celui qui n'a pas le choix de la solution.

Les personnes en situation de conflit, dont elles ne parviennent pas à sortir par la discussion, adoptent tour à tour l'une ou l'autre de ces stratégies, qui ne permettent de sortir que temporairement du conflit. Elles produisent de l'insatisfaction, et les équilibres auxquels elles conduisent sont instables. Malgré tout, elles sont bien souvent les seules solutions que les personnes ont trouvées.

Exercice : vos stratégies de sortie en adversité

La prochaine fois que vous vivrez des situations dans lesquelles vous rencontrez des difficultés relationnelles, mémorisez-les puis notez-les ci-dessous. Analysez les émotions cachées derrière les propos, puis observez les stratégies que vous mettez en œuvre. Utilisez plusieurs situations pour que toutes les stratégies de sortie en adversité soient présentes au moins une fois.

Stratégie de domination
La situation : ....
Vos émotions : ....
La stratégie mise en œuvre : ....
....

Stratégie de résignation
La situation : ....
Vos émotions : ....
La stratégie mise en œuvre : ....
....

Stratégie d'abandon
La situation : ....
Vos émotions : ....
La stratégie mise en œuvre : ....
....

Chapitre 7

Sortir du conflit en altérité

Mardi 7 janvier, 11 h 30

Quentin est dans son bureau avec Tiphaine et Jean-Marc, assis autour de la petite table ronde.

— Vous avez maintenant les idées plus claires sur la situation ? commence Quentin.

— Oui. Je veux partir, dit Tiphaine. J'en ai marre de travailler avec cet âne bâté prétentieux et machiste !

— Ça tombe bien, rétorque Jean-Marc, j'en avais ma claque de voir sa tronche, à cette pimbêche ! Qu'est-ce qu'on fait, maintenant ?

Tous deux regardent Quentin d'un air interrogateur. Ce dernier ne perçoit dans leurs yeux aucune lueur d'animosité ou de colère. Ils semblent plutôt détendus.

— C'est comme cela que vous vous parlez après la médiation ? demande Quentin, un peu dérouté.

— Ah ! oui, maintenant on se dit les choses *cash* ! C'est ça la qualité relationnelle, affirme Tiphaine. Les sous-entendus, les non-dits, c'est fini, pas de ça entre nous !

En voyant le pétillement de malice dans son regard et le sourire amusé de Jean-Marc, Quentin comprend qu'ils plaisantent. « Visiblement, ils ont retrouvé une complicité qu'ils avaient perdue depuis longtemps. Antoine a bien travaillé », pense-t-il, soulagé.

Pour tenter de résoudre à l'amiable le conflit entre ses deux collègues, Quentin a proposé à Antoine une mission de médiation. Ce dernier a donc reçu Tiphaine et Jean-Marc séparément, puis ensemble. Par la suite, Antoine a simplement dit à Quentin : « Je te laisse la dernière étape. Tu peux les réunir et les aider à mettre au point la solution. Cela devrait être facile, tu n'auras pas grand-chose à faire. »

— Bon, OK. Alors, où en êtes-vous ? reprend Quentin.

— Nous avons fait avec le médiateur un bilan du passé et un inventaire du présent, répond Jean-Marc.

— Il nous reste à élaborer avec toi un projet pour le futur, poursuit Tiphaine.

— Et vous y avez réfléchi chacun de votre côté ? Tiphaine ?

— Comme je te l'ai dit, je voudrais repartir à Toulon, où se trouvent mes parents. Il y a longtemps que j'ai envie d'aller m'installer là-bas, et je crois que le moment est venu.

— Tu as une échéance ? Un autre poste en vue ?

— Non, je verrai sur place. Je ne suis pas pressée.

— Et de ton côté, Jean-Marc ?

— Pas de souci, je vais m'adapter. Il faut simplement que je puisse redistribuer ton portefeuille de clients, Tiphaine. Peut-être en récupérer certains moi-même, en attendant que l'on trouve quelqu'un pour te remplacer.

— Cela va prendre combien de temps, selon toi ? demande la jeune femme.

— Si je te propose de partir sur trois mois ? Et nous faisons un point intermédiaire d'ici deux mois, pour voir où l'on en est ?

Ils continuent ainsi à discuter des modalités du départ de Tiphaine. Le ton est calme, les échanges factuels et précis, professionnels.

Quentin se détend et s'enfonce confortablement dans son siège. Il les observe. Son intervention ne semble pas nécessaire, la solution se met en place sous ses yeux.

Tout en les écoutant, il se demande quelle est la nature de la solution que Tiphaine et Jean-Marc ont adoptée. Rien à voir avec la domination, la résignation ou l'abandon en tout cas. Leur relation a pris une tournure nettement plus rationnelle, constructive, plus simple aussi. Ils organisent la fin de leur relation, tout simplement. Avec une phase transitoire pour solder les dossiers courants.

« Parfait, se dit Quentin. J'ai déjà une réponse. L'une des sorties possibles d'un conflit, c'est de mettre un terme à la relation, purement et simplement. En se mettant d'accord sur les modalités. »

Jeudi 9 janvier, 22 h 15

Quentin et Noémie sont installés au salon. Les enfants sont couchés. Plus tôt dans la soirée, Quentin a proposé à Noémie une petite discussion. Depuis plusieurs semaines qu'il y réfléchit, il a bien préparé ce qu'il veut dire à sa femme.

— Je t'écoute, qu'est-ce que tu as à me dire ? demande Noémie, dans l'expectative.

— C'est très simple. Je souhaite que l'on ait une bonne relation. Depuis quelques mois, nous sommes souvent en conflit, notre relation est dégradée, et je veux qu'elle redevienne de qualité, solide et stable. Je n'ai pas envie que l'on se sépare.

— Tu as pensé que l'on pouvait se séparer… Et comment tu vois les choses ? Tu attends quelque chose de moi ?

Noémie regarde Quentin avec intérêt, mais son regard trahit une certaine méfiance.

— Non. J'ai beaucoup réfléchi à ce que j'attendais de notre relation. Noémie, j'ai confiance en toi. Je sais que quoi qu'il arrive, je peux compter sur toi et les enfants aussi. Si je venais à disparaître, je sais que tu veillerais sur eux. Je ne dis pas ça pour t'amadouer ou te flatter, c'est un constat que je fais. J'analyse mes sentiments vis-à-vis de toi, et j'observe que la confiance y occupe une grande place. Et il y a autre chose encore. J'apprécie beaucoup ta présence. C'est vrai que l'on n'est pas toujours d'accord, je suis parfois irrité, exaspéré même lors de nos disputes. Mais les bons moments que nous passons ensemble me procurent beaucoup de plaisir. Il y a beaucoup de choses que j'aime partager avec toi.

— En somme, tu as pesé les avantages et les inconvénients d'être avec moi, dit Noémie avec un petit sourire.

Ses yeux brillent. Les paroles de Quentin l'ont émue.

— En quelque sorte, sourit Quentin à son tour. J'ai remarqué que nos points de désaccord prenaient beaucoup d'importance dans mon esprit, aux dépens de la qualité de notre relation. J'ai donc décidé que ce serait l'inverse.

— Et tu penses que tu vas changer comme ça, simplement parce que tu l'as décidé ?

— Peut-être pas, mais ce qui va changer, c'est ma manière de voir les choses. Je sais que si je me mets en colère, c'est parce que je me suis laissé déborder par les émotions, parce que je me suis entêté à te faire changer de point de vue. Je ne choisis pas toujours mes émotions et ressentis, mais je peux décider de ne pas t'en attribuer la responsabilité.

— Bon. Je te remercie de m'avoir dit tout ça. Et je suis curieuse de voir comment notre relation va évoluer.

— Elle sera de meilleure qualité, sans aucun doute. Et notre vie sera plus simple, aussi.

Noémie regarde Quentin, un peu rêveuse. Elle sourit en se remémorant les bons moments passés avec Quentin. Mais la violence de leurs récentes disputes l'incite à la prudence. Elle attend de voir...

Vendredi 10 janvier, 22 h 45

Quentin est au téléphone avec Antoine pour lui exposer les derniers rebondissements dans les affaires Tiphaine et Josse.

— Bravo, dit Antoine. Tu t'en es bien tiré avec tes collègues.

— Bah ! Tu avais bien déminé le terrain !

— Quand même ! Et avec ton webdesigner, aussi. Tu as identifié les issues à ces conflits ?

— Oui. En revanche, j'en suis à deux types de solution, pour l'instant : mettre fin à la relation ou revenir à la situation telle qu'elle était avant le conflit.

— La rupture et la reprise. Il y en a une troisième, beaucoup plus déclinable, c'est l'aménagement : la poursuite de la relation sous une autre forme.

La rupture consensuelle

Dans la rupture, les personnes font le choix de mettre un terme pur et simple à leur relation. La rupture est ferme, totale et définitive.

Dans le contexte de l'entreprise, elle consiste à rompre le contrat de travail. Les enjeux se résument à la durée du préavis et aux indemnités de départ. Un accord est trouvé, la rupture est consommée. C'est l'option choisie par Tiphaine et Jean-Marc.

Mais que se passe-t-il dans le cas d'un couple qui décide de mettre un terme à sa relation ? Tout dépend évidemment de leur situation. Ont-ils des enfants ? Des biens en communs ? Si un capital peut toujours être partagé ou vendu, en présence d'enfants, en revanche, la rupture totale peut difficilement être une option consensuelle. Les enjeux juridiques, financiers, affectifs, pèsent lourdement. S'il y a rupture, elle se produit donc dans l'adversité : l'un des parents coupe définitivement les ponts avec son ex-conjoint et avec ses enfants, faute de pouvoir s'entendre. Il s'agit alors en réalité d'une stratégie d'abandon.

La reprise

La reprise consiste à identifier puis à supprimer les causes du conflit. Les personnes reprennent alors la relation telle qu'elle était avant le conflit, avec peut-être un supplément de compétences relationnelles leur permettant d'éviter les mêmes écueils à l'avenir.

Pour Quentin et Denis Josse, la reprise est relativement facile à mettre en œuvre. Après accord sur la solution à leur litige, la relation peut reprendre comme avant.

Dans le cadre d'une relation entre deux amis, dégradée du fait par exemple d'un malentendu, une clarification des choses peut permettre de lever la difficulté, et la relation est rétablie.

Mais cette option de la reprise n'est pas toujours réalisable. Imaginons le cas d'une fratrie qui se déchire sur un héritage à la suite du décès du dernier parent. Le retour en arrière avec résurrection du défunt n'étant évidemment pas une option, il faut trouver d'autres voies de sortie.

L'aménagement de la relation

L'aménagement consiste à faire évoluer la relation de manière à supprimer ou à réduire ses éléments conflictuels tout en maintenant la relation sous une autre forme. Cette troisième solution pour sortir du conflit offre un éventail de possibilités très varié.

Parfois, c'est la nature de la relation qu'il faut transformer (si elle n'a pas déjà changé de manière irréversible du fait d'un événement extérieur à l'origine des tensions relationnelles comme l'arrivée d'un enfant, ou son départ, une réorganisation de l'entreprise, la mort d'un proche, etc.). La seule possibilité pour sortir du conflit est ainsi de se repositionner dans la relation, de trouver un nouvel équilibre.

Il arrive aussi que la relation ne change pas mais que ce soient les personnes qui changent, comme par exemple le salarié frustré dans son avancement qui se rend compte à l'issue d'un bilan de compétences que la promotion qu'il revendiquait ne correspond pas à ses aspirations, ou le père qui n'a pas obtenu la garde alternée de ses enfants mais qui réalise à quel point son engagement professionnel est incompatible avec ce projet.

Dans ces deux exemples, ce sont les émotions conflictuelles qui empêchent les personnes de comprendre clairement leurs propres attentes.

La relation que Quentin veut établir avec Noémie constitue également un aménagement. Dans une perspective de bonne qualité relationnelle, il aurait aussi pu choisir la séparation amiable, une autre forme d'aménagement. Ils auraient alors organisé au mieux la garde des enfants, traité les questions financières et matérielles. Mais en observant ses sentiments vis-à-vis de Noémie, il a fait un autre choix : celui de changer sa manière d'aborder leur relation.

L'essentiel : les issues stables au conflit

De même qu'il existe trois modes de sorties de conflit en adversité, il en existe trois en altérité : la rupture consensuelle, la reprise, l'aménagement.

La rupture consiste à mettre un terme à la relation, total et définitif.

La reprise, c'est le retour à la situation avant le conflit, à l'identique.

L'aménagement, ce sont toutes les formes de modifications adoptées pour transformer la relation, pour la rendre acceptable pour les personnes concernées.

Mais comment mettre en œuvre ces stratégies de sortie de conflit en altérité ? C'est ce que nous allons voir dans les deux prochains chapitres, tout d'abord en identifiant les différentes manières de concevoir une personne, puis en cernant au plus près le fonctionnement des personnes en relation.

Exercice : vos stratégies de sortie en altérité

Reprenez les situations du chapitre précédent pour lesquelles vous avez étudié les stratégies de sortie en adversité. Pour chacune d'entre elles, imaginez comment vous auriez pu sortir du conflit en altérité.

Rupture consensuelle
La situation : ....
La stratégie mise en œuvre : ....
....

Reprise
La situation : ....
La stratégie mise en œuvre : ....
....

Aménagement
La situation : ....
La stratégie mise en œuvre : ....
....

Chapitre 8

Les représentations de la personne

Mercredi 15 janvier, 21 h 10

Ce soir, Quentin dîne chez Romain, son frère, qui a besoin de ses conseils. Il est empêtré dans une situation familiale difficile avec Denis, son compagnon. Il y a quatre ans, ce dernier a adopté un petit garçon de 3 ans à l'issue d'une longue et laborieuse procédure administrative. Pour Romain, cet enfant est aussi le sien. Mais deux ans après l'adoption, un couple de leurs amis qui se trouvait dans une situation similaire s'est retrouvé confronté à l'hostilité d'une assistance sociale qui trouvait à redire au fait qu'un couple homosexuel adopte un enfant. Elle a déclenché une enquête de bonnes mœurs, évoquant même l'idée d'enlever l'enfant à sa famille adoptive pour le placer dans une institution d'accueil. Depuis, Denis vit dans l'angoisse qu'on lui enlève son fils. De peur que l'on découvre son homosexualité, il a progressivement exclu Romain de ses relations sociales, développant une véritable paranoïa qui n'a fait que s'amplifier avec le temps. La vie est devenue tellement difficile que Romain, six mois plus tôt, a décidé de consulter un psychothérapeute.

— Alors, demande Quentin, où en est ton histoire avec Denis ?

— J'ai rompu il y a deux mois, sur les conseils de mon thérapeute. Je pense aussi que c'était la bonne solution. Mais depuis, je ne sais plus où j'en suis. Selon mon psy, Denis est un pervers narcissique et je suis entré avec lui dans un jeu relationnel de type persécuteur-victime. Ça me perturbe beaucoup.

— Ton psy dit que Denis est un persécuteur et toi sa victime ?

— C'est ça. Il m'a aussi conseillé de regarder *Oui, mais…*, le film avec Gérard Jugnot qui met en scène le triangle dramatique bourreau-victime-sauveur. J'en suis sorti encore plus perturbé… Je me rends compte que j'ai moi-même harcelé Denis, parfois. Je m'y retrouve, dans cette position du bourreau, du manipulateur. Alors non seulement je lui en veux, mais je m'en veux également. Et je me reconnais aussi dans le sauveur quand je me suis efforcé de maintenir notre couple à la dérive. Aujourd'hui, tout est très confus dans mon esprit. Pourtant, quand je regarde notre situation, elle est plutôt simple. Nous ne sommes pas mariés, ni même pacsés, ma présence est angoissante pour Denis, elle constitue un risque d'obstacle dans sa relation avec son fils. Sa peur n'est peut-être pas tout à fait rationnelle, mais il a choisi une solution rationnelle, il m'a écarté.

— Et selon toi, tu n'avais peut-être pas besoin de ce modèle du persécuteur et de la victime pour expliquer votre difficulté relationnelle, ni même pour en sortir ?

— Je m'interroge. Cette idée du pervers narcissique me pose question aussi. Denis a peut-être été maladroit avec moi, mais l'enjeu, pour lui, c'est sa relation avec son enfant, ce n'est pas rien ! Alors de là à lui coller cette étiquette. Et puis je serais tombé amoureux d'un pervers narcissique, moi ? Dans les quelques livres que j'ai lus sur la question, le portrait des victimes de ce type de personnes n'est pas très flatteur…

— En somme, cette approche dramatisante de ta relation avec Denis ne te satisfait pas. Tu en cherches une autre, plus rationnelle, plus simple…

Vendredi 17 janvier, 12 h 40

Entre deux rendez-vous, Nicolas a eu le temps de bloquer un créneau pour déjeuner avec Quentin. Ils sont assis à la terrasse d'un restaurant.

— Tu es au courant ? On retourne devant le juge, dit Nicolas.

— Oui, j'en ai entendu parler.

— Caroline réclame une révision du jugement et une pension plus importante comme les enfants grandissent.

C'est Quentin qui a présenté Nicolas, un ami d'enfance, à Caroline, la sœur de Noémie. Ils se sont mariés peu après et ont eu deux enfants. Puis leur relation s'est dégradée. Trois ans après la naissance du second, ils se sont séparés. Et cela fait cinq ans qu'ils se déchirent à coups de procès interminables et ruineux.

— C'est quand même incroyable la justice en France ! s'emporte Nicolas. Je n'arrive pas à avoir la garde alternée des enfants. Pourtant, si tu lis la Convention des droits de l'enfant, il y a un article qui dit : « Les deux parents ont une responsabilité commune pour ce qui est d'élever l'enfant. » Et malgré cela, rien à faire, je n'ai pas obtenu la garde alternée au dernier procès. C'est quand même fou !

« C'est drôle qu'il évoque la Convention des droits de l'enfant, se dit Quentin. Ma belle-sœur utilise la même source. Elle y a lu que les parents doivent assurer les conditions de vie nécessaires au développement de l'enfant et en tire un argument pour forcer son ex-conjoint à payer une pension plus élevée… »

— Il suffirait que l'on partage la garde et elle n'aurait pas besoin d'autant d'argent ! poursuit Nicolas.

« J'ai bien peur qu'elle n'ait la parade, pense Quentin. Elle assure que les enfants préfèrent vivre chez elle, que leur père travaille trop et n'est pas disponible pour eux. Elle s'appuie là encore sur la Convention, qui affirme leur droit d'exprimer leurs opinions sur les questions les concernant. »

— Et qu'en pensent les enfants ? demande Quentin.

— Tu parles, elle leur bourre le mou en leur disant pis que pendre de moi. D'ailleurs, j'ai trouvé quelque chose dans la Convention des droits de l'enfant qui dit : « Les enfants ont le droit à la liberté de pensée et de conscience. » En les manipulant, elle les prive de cette liberté, tu ne crois pas ? Quand je lui ai sorti cet article, tu sais ce qu'elle m'a répondu ?

— Non…

— Que selon la même source, « les parents ont le devoir de guider leur enfant dans l'exercice du droit à la liberté de penser et de conscience ». Et donc, elle estime de son devoir de les informer sur mes faits et dires – je dirais plutôt les manipuler – dans un souci d'établir la vérité nécessaire à la libre construction de leur conscience. N'importe quoi !

« C'est très étonnant, pense Quentin, comment deux personnes peuvent s'inspirer de la même source juridique pour défendre des positions aussi opposées… »

✉ *E-Mail de Quentin à Antoine, vendredi 17 janvier, 22 h 15*

Salut Antoine,

Sur un de nos sites, à Vierzon, nous avons des difficultés sociales. Un manager accusé d'être un pervers narcissique harcèlerait une jeune fille en contrat d'apprentissage. Un membre du comité d'hygiène, de sécurité et des conditions de travail[1] veut faire intervenir une société de gestion des risques psychosociaux[2]. Ça m'a fait penser à mon frère, Romain, dont le psy a aussi qualifié son ancien compagnon de pervers narcissique. Qu'en penses-tu ?

J'ai aussi observé avec curiosité le comportement de ma belle-sœur et de son ex-mari, en conflit depuis des années. Lui est un vieux copain à moi. Malgré le côté dramatique de leur histoire, j'ai trouvé assez cocasse qu'ils utilisent tous les deux la Convention des droits de l'enfant pour faire valoir leur point de vue. Chacun y trouve des arguments qui vont dans son sens, sachant qu'ils ont deux visions totalement opposées. C'est quand même fort !

1. CHSCT.
2. RPS.

Cela dit, dans l'approche des personnes en conflit telle que tu la pratiques, la dimension juridique est écartée. Mais je ne comprends pas bien cette idée. Comment pourrait-on se passer des lois ? Dans leur cas, il faudra bien finir par déterminer qui a raison et qui a tort. Et c'est bien à cela que servent les lois, non ?

Par ailleurs, j'ai assisté hier à une conférence lors d'une réunion de DRH. Un médiateur nous a parlé de sa manière de gérer les conflits en entreprise. Tu penses si j'étais attentif ! J'ai assez peu retrouvé tes concepts. En revanche, j'ai entendu des choses relatives aux bénéfices du conflit qui m'ont étonné :

Le conflit est la confrontation de personnes libres
Le conflit est inhérent à la nature humaine, il est indispensable, vital et sain
Le conflit permet de faire émerger des idées nouvelles, il est transformateur et facteur de progrès

Qu'en penses-tu ?

À bientôt,

Quentin

✉ *E-Mail d'Antoine à Quentin, vendredi 17 janvier, 23 h 50*

Mon cher Quentin, merci pour ton e-mail.

Tes interrogations sont au cœur de la réflexion que nous avons depuis quelque temps et induisent une question fondamentale : qu'est-ce qu'une personne ?

Les différentes manières de concevoir la personne sont en filigrane dans les cas que tu évoques : la conception « psycho » avec Romain ou ton pervers narcissique de Vierzon, la conception juridique avec ton duo vieux copain-belle-sœur, et la conception spiritualiste qui transparaît dans ta conférence avec le médiateur en entreprise. Ce sont trois modèles, trois manières de se représenter la personne en relation. Ce sont aussi trois approches de la résolution des conflits.

Après les avoir passés en revue, je te dirai ce qui distingue mon modèle des trois autres. Tu verras que les différences sont de taille.

La conception « psycho » : une pathologisation des relations humaines

Cette notion de « psycho » recouvre toutes les approches interprétatives fondées sur le conscient et l'inconscient et repose sur l'idée que les personnes en conflit sont plus ou moins malades, sous l'emprise de névroses ou de psychoses. Son vocabulaire utilise en milieu professionnel des termes comme « organisation pathogène », « harcèlement moral », « stress au travail » ou encore « burn-out », très à la mode en ce moment. Le tiers thérapeute va donc apporter à cette personne malade un traitement – des médicaments, une psychothérapie – censé la soigner ou réduire les symptômes de sa maladie. S'il considère que c'est l'organisation du travail qui est pathogène ou « toxique » (encore un terme à la mode), le tiers va proposer des changements dans l'organisation ou le mode de management pour soigner l'organisation.

Cette conception pathologisante des relations humaines relève d'un parti pris : les personnes sont potentiellement malades. Outre sa dimension interprétative et les marges d'erreur que cela implique, cette démarche a pour effet de décharger les personnes d'une part de leur responsabilité, celle imputable à la pathologie. Le schéma bourreau-victime-sauveur n'est pas loin, avec le modèle du pervers narcissique.

Bien sûr, les maladies existent, psychiques ou physiques. Mais systématiser cette approche a pour effet d'épargner aux personnes une réflexion rationnelle sur leur manière de se comporter, de voir, d'entendre, de penser. Et si elles étaient plutôt victimes de leur fonctionnement relationnel ? Victimes de leur incapacité à faire autrement ? De leur entêtement ? Si c'était leur ignorance, leur maladresse qui était en cause ? Dans ce cas la posture d'aide ne peut être la même. En somme, si l'approche consiste à se dire que la personne est malade, il faut la soigner, poser un diagnostic et proposer un traitement. Mais si l'on considère la personne tout simplement maladroite dans ses relations, il importe d'adopter une démarche pédagogique pour faire évoluer sa conscience dans le sens de développer son aptitude à voir, à observer et à comprendre.

La conception juridique : la relation comme conséquence du droit

Nicolas et Caroline pensent que les lois vont leur permettre de résoudre leurs difficultés relationnelles. Grossière erreur ! Le droit est indispensable, les règles sont nécessaires pour vivre ensemble, pour disposer de repères communs. Mais c'est une erreur de penser que la relation entre des personnes est une conséquence du droit, que l'on doit organiser leur projet relationnel en fonction de règles, de normes, de principes juridiques. Rien n'est plus faux ! C'est même exactement le contraire. Car c'est la relation qui prime. C'est parce que nous sommes en relation que nous mettons en place des règles pour la rendre possible et pour l'organiser au quotidien. Le droit est donc la conséquence de la relation, et non la relation la conséquence du droit.

Au lieu de s'appuyer sur le droit pour construire leur relation, ce qui est une absurdité, Nicolas et Caroline pourraient commencer par construire un projet de relation, c'est-à-dire exprimer ce que chacun souhaite faire de leur histoire, même si le projet consiste à ne plus vivre ensemble. Une fois d'accord sur le programme, ils pourront mettre en place des règles de fonctionnement adaptées : qui a la garde des enfants, comment s'organisent les week-ends, les vacances, qui paie quoi, etc.

La résolution des conflits basée sur une conception juridique vise l'obéissance des personnes. Les acteurs de ce modèle – juges, avocats, juristes – ont pour fonction de conduire les personnes à se conformer à ces règles.

L'intérêt supérieur de l'enfant est une préoccupation constante en matière de justice familiale. Bien sûr, il arrive que la santé de l'enfant soit en jeu, que l'un des parents soit violent ou maltraitant. Mais en dehors de ces cas extrêmes, réfléchissons un peu. Un père et une mère qui ont choisi ensemble au cours d'un dialogue rationnel, dépassionné, la manière d'organiser leur relation, qui ont cessé d'attendre de l'autre une réparation pour les souffrances endurées, qui sont sortis de cette dynamique de revanche, de recherche de la punition, qui ont enfin clarifié leur projet de vie, pensez-vous vraiment qu'ils puissent oublier l'intérêt de leur enfant ? Pensez-vous qu'un autre, un juge, un arbitre, saura mieux qu'eux ce qui est bien pour lui ? Quelle illusion ! Quel exemple de servitude volontaire que de s'en remettre à un inconnu pour décider à leur place ce qui est bien pour leur enfant !

La conception spiritualiste : le conflit est nécessaire pour faire émerger le bien

Les notes que Quentin a prises lors de la conférence sur la médiation en entreprise révèlent une approche spiritualiste de l'humain, bien qu'il ne l'ait peut-être pas vu sous cet angle. Il indique par exemple que le conflit est la confrontation de personnes libres. Cette idée a plusieurs sens possibles.

Elle pourrait vouloir dire que les personnes sont libres d'être en conflit dès lors que le droit à la liberté d'expression leur est garanti. Cela implique que nous avons tous le droit de confronter nos opposants, d'exprimer haut et fort que nous ne sommes pas d'accord sans crainte d'être embastillés. C'est une vision plutôt minimaliste de la liberté. À moins de vivre dans une dictature, une théocratie ou quelque autre démocratie approximative, cette garantie nous est acquise depuis longtemps. En tout cas, nous n'en sommes plus là dans notre région du globe.

Mais il existe une autre manière de justifier que le conflit est la confrontation de personnes libres. C'est l'idée selon laquelle la tentation de faire le mal est partie intégrante de l'homme. Celui-ci doit donc faire un choix de chaque instant entre le bien et le mal, et la confrontation permet de faire barrage au mal, de laisser émerger le bien. C'est cette idée qui conduit à dire que le conflit est indispensable, vital et sain. Vu sous cet angle spiritualiste, il est donc évident que le conflit est nécessaire s'il donne une chance au bien de l'emporter : il ne peut qu'aider l'homme à progresser.

La conception philosophique : la voie de la raison et de la liberté

Mais en réalité, lorsque nous sommes en conflit, nous ne sommes pas libres. Les débordements émotionnels, qui nous empêchent de discuter de manière rationnelle, résultent de notre maladresse, de notre ignorance, de notre incapacité à faire autrement. Ces motifs d'aveuglement nous privent de notre liberté. Nous nous en rendons parfois compte, mais nous continuons de faire ce que nous savons faire, ce que nous avons toujours fait.

Quand les personnes font le choix du mal, quand elles sont malades ou désobéissantes, il convient de leur fournir respectivement des repères moraux pour trouver la voie du bien, une thérapie pour les soigner, ou un rappel à la loi. Ces repères, parfois source de réconfort ou de mieux-être, sont fondés sur des principes surplombants qui s'imposent aux personnes. Et ces principes s'accommodent fort bien du confort de l'ignorance et de la servitude volontaire. Les personnes sont invitées à se conformer, sans qu'il leur soit nécessaire de réfléchir par elles-mêmes.

En revanche, si l'on considère la personne maladroite, le chemin est tout autre. C'est celui de la pensée, de la raison, de la liberté. Dans sa pratique, le médiateur professionnel reçoit des personnes à la fois maladroites et rationnelles, à la fois ignorantes et apprenantes. Il ne reçoit pas des malades, des personnes qui ont fauté moralement, ou encore des coupables. Celui qui fait appel à ses services ne va pas rencontrer un psychothérapeute, un moralisateur ou un juriste. La posture du médiateur est celle du philosophe, qui interroge encore et toujours la réalité observable sans recourir à des repères interprétatifs imposés par d'autres. Les relations conflictuelles n'ont pour lui d'autre origine que la maladresse. Et la maladresse n'est ni une nécessité ni une fatalité. La posture du médiateur est un parti pris, le parti pris de la raison.

✉ *E-Mail de Quentin à Antoine, dimanche 19 janvier, 22 h 05*

Tu y vas fort ! Effectivement, ton discours soulève des questions. Par exemple, comment tu fais pour aborder une personne avec cette posture philosophique ? Quand sa pensée est « déstructurée par les émotions conflictuelles », comme tu dis ?

Une autre interrogation m'est venue à la lecture de ton e-mail. Que fais-tu du coaching ? *A priori*, il n'est pas non plus de nature « psycho », juridique ou spiritualiste. Comment se positionne-t-il par rapport à ton métier ?

Au plaisir de poursuivre sur ce sujet.

Quentin

✉ *E-Mail d'Antoine à Quentin, dimanche 19 janvier, 22 h 17*

Comment aborder une personne avec cette posture philosophique ? Par les faits. Rien que les faits, bruts et précis. Dit autrement, tu élimines tout ce qui est croyance, interprétation, dogme, principe moral érigé en valeur absolue, et tu ne gardes que ce qui reste. Car même s'il ne reste plus grand-chose, tu peux construire. C'est du solide.

Pour ce qui est du coaching, la variété des pratiques qui s'en réclament est importante. Il y en a qui s'inscrivent dans cette perspective philosophique, d'autres qui font appel à la psychologie sous toutes ses formes, au droit ou à la spiritualité. Dans tous les cas, il y a une différence essentielle avec la médiation. L'action du coach porte sur la personne, celle du médiateur sur la relation. Le coach a une mission : permettre à la personne d'atteindre des objectifs individuels précis. Le médiateur a une mission tout autre : améliorer la qualité d'une relation. Cette différence de fond induit d'autres différences sur la posture du tiers, le processus d'accompagnement, les techniques, les outils[1].

Bien à toi,

Antoine

L'essentiel : les quatre modes d'approche des conflits

Il existe quatre courants d'approche de la personne en relation : ceux issus de la psychologie, le courant juridique, le courant spiritualiste et le courant philosophique. Chacun de ces courants induit un mode d'approche des conflits.

1. Pour en savoir plus, voir l'article de Jean-Louis Lascoux et de Stéphane Seiracq sur les différences entre coaching professionnel et médiation professionnelle, « Coaching professionnel et médiation professionnelle », wikimediation.org.

Selon **le courant « psycho »**, la personne est un être potentiellement malade : les relations dégradées sont abordées par un diagnostic, puis par une thérapie.

Selon **le courant juridique**, la personne est un être de droits et de devoirs et les relations entre les personnes sont régies par les règles et les lois : les conflits sont traités par un examen des torts et des raisons de chaque partie.

Selon **le courant spiritualiste**, la personne est une création divine, partie intégrante d'un dessein qui la transcende : les relations conflictuelles résultent de la confrontation de forces inhérentes à sa nature humaine (le bien, le mal).

Selon **le courant philosophique**, la personne est un être pensant, rationnel : elle dispose d'un potentiel de progression, de prise de conscience.

Exercice n° 1 : décodez les expressions courantes

Vous trouverez ci-dessous des expressions du langage courant. Pour chacune d'elles, imaginez la situation dans laquelle elle a pu être prononcée, puis entourez A si vous pensez que cette expression se rattache à une conception psychologisante de la personne en relation, B pour une conception juridique, C pour une conception spiritualiste et D pour une conception philosophique. Plusieurs réponses sont possibles.

1. Cela ne se fait pas.	A	B	C	D
2. Ce n'est pas normal.	A	B	C	D
3. Il a un problème de comportement.	A	B	C	D
4. Il n'a pas le droit.	A	B	C	D
5. Il n'a pas réussi à se faire comprendre.	A	B	C	D

6. Il ne comprendra jamais.	A	B	C	D
7. Ce qu'il a fait n'est pas correct.	A	B	C	D
8. Ils ne respectent rien.	A	B	C	D

Solution

1-B et C : c'est une référence à une règle, un principe moral supérieur, qui pourrait aussi être d'inspiration religieuse.

2-A, B et C : la normalité se réfère à la santé de la personne ou à ce qu'elle est censée être ou faire selon un référentiel juridique, ou religieux.

3-A et B : le comportement est *a priori* de l'ordre de la « psycho », mais il pourrait aussi s'agir d'un problème d'éducation, d'incivilité.

4-B : cette idée est clairement d'ordre juridique.

5-D : c'est un défaut de savoir-faire qui est pointé, donc de nature philosophique.

6-A : cette formulation affirme une incapacité permanente, presque une infirmité.

7-B et C : comme « cela ne se fait pas », nous sommes entre le juridique… et le spiritualiste.

8-B : le respect est un principe de nature juridique, même s'il n'est pas toujours codifié.

Exercice n° 2 : quelle est votre conception de la personne ?

Dans les exercices des deux chapitres précédents, vous avez été invité(e) à retrouver des situations de difficultés relationnelles au quotidien. Reportez ci-dessous vos stratégies d'adversité et d'altérité, puis déterminez quelles conceptions de la personne ont été utilisées.

Stratégie de sortie	**Conception de la personne**
Domination :	
Abandon :	
Résignation :	
Rupture consensuelle :	
Reprise :	
Aménagement :	

Solution

Normalement, vous avez dû faire appel à la conception philosophique de la personne pour les stratégies de sortie en altérité (rupture, reprise, aménagement).

Chapitre

Le fonctionnement d'une personne

Vendredi 24 janvier, 18 h 14

En ce vendredi soir, les locaux de TB Logistics ont été désertés par les employés, pressés de partir en week-end. Quentin ferme les yeux et respire profondément. Il apprécie le calme total des lieux. Puis il prend une feuille de papier et un crayon. Depuis quelque temps, il veut faire une synthèse de ses échanges avec Antoine sur la qualité des relations humaines. Revisiter tous les sujets évoqués, voir comment ils s'articulent les uns avec les autres.

« Voyons cela. En premier lieu, nous avons examiné la notion de conflit, ses composantes. Un conflit, c'est d'abord une relation, avec sa dimension juridique. Ce sont aussi des enjeux et des intérêts, qui constituent la dimension technique. Enfin, ce sont des émotions, qui perturbent la raison et empêchent de discuter sereinement.

Cette décomposition permet d'identifier les émotions comme point d'entrée pour améliorer la relation. Pour cela, nous avons passé en revue les manières de communiquer qui produisent des émotions conflictuelles. Il y a les prêts d'intentions malveillantes, puis les interprétations, les jugements négatifs, enfin les dynamiques de contrainte.

Nous avons aussi observé les mécanismes de l'escalade : les personnes en conflit s'enferment dans un mode de fonctionnement particulier quand elles sont en colère. Certaines focalisent leur communication sur l'argumentation, d'autres sur la passion, d'autres encore sur la forme, les fameux logos, pathos et ethos.

Certains comportements favorisent les émotions conflictuelles : l'incapacité à lâcher prise, le fatalisme fonctionnel, le fait de prendre pour soi ce que disent les autres.

Puis nous avons exploré les différentes manières de sortir en adversité d'un conflit : l'abandon, la domination, la résignation. Nous avons trouvé les différentes stratégies de sortie en altérité : la reprise, la rupture, l'aménagement de la relation.

Lors de notre dernière rencontre, nous avons vu plusieurs conceptions de la personne : « psycho », juridique, spiritualiste et enfin philosophique.

Avec tout cela, je vois à peu près ce qu'il faut faire ou ne pas faire pour échapper aux conflits. »

Quentin note sur sa feuille :

Éviter de juger les autres, de leur prêter des intentions malveillantes, de les contraindre
Ne pas se laisser soi-même entraîner dans les émotions négatives et dans la dynamique de surenchère

Réfléchir de manière logique et rationnelle plutôt que psychologiser, rappeler les règles ou moraliser
Rechercher une manière de sortir du conflit sans abandonner, sans dominer ou se résigner

Vaste programme !

Quentin reste pensif un moment. Il passe en revue les différents conflits auxquels il a été confronté de près ou de loin ces dernières semaines : Josse, Thierry Hamelin, Tiphaine et Jean-Marc, Romain, Nicolas et Caroline, Laure, Lucien, et bien sûr Noémie. « Maintenant, il reste à intégrer tout cela dans les relations de tous les jours, se dit-il. Il y a aussi cette question que m'a posée Romain… »

Quentin balaie ses derniers e-mails et ouvre à nouveau celui de Romain, reçu quelques heures plus tôt.

✉ *E-Mail de Romain à Quentin, le même jour, 18 h 38*

Salut Quentin,

J'ai repensé à notre discussion de la semaine dernière, tu sais, sur les différentes manières de se représenter les personnes en conflit. Et j'ai lu ce que tu m'as écrit sur les quatre courants. J'ai bien compris l'approche philosophique, à laquelle j'adhère sans réserve. Je sais maintenant que je peux agir concrètement sur la nature de ma relation avec Denis, que je ne suis pas la victime impuissante d'une sorte de configuration psychologique dont il serait affligé.

En revanche, il reste une chose à clarifier. Quand mon thérapeute a parlé de bourreau, de manipulation, de victime, il s'est appuyé sur des situations que je lui ai décrites. Nous avons eu des paroles dures l'un envers l'autre, Denis et moi, chacun a vécu des épisodes douloureux du fait des propos de l'autre. Comment expliquer, par cette approche philosophique, que nous ayons eu ces comportements blessants ?

Romain

Lundi 27 janvier, 20 h 10

Antoine est en train d'enlever son manteau lorsque Quentin entre dans la salle de sport.

— Salut, Antoine !

— Hello ! Comment vas-tu ? Et Romain ?

— Très bien ! Romain aussi, il se sent plus léger. Maintenant il cogite sur ce qui pourrait expliquer les comportements conflictuels que Denis et lui ont eus. Il a bien compris que le modèle du pervers narcissique n'était pas la bonne manière de se représenter les choses, mais il n'a pas d'alternative pour l'instant. D'ailleurs, je me pose la même question avec le manager de Vierzon soupçonné de harcèlement moral.

— On touche là au fonctionnement même des personnes en relation. Tu as pu constater qu'en situation de conflit, les gens sont tentés de porter des jugements sur les autres, de leur prêter des intentions malveillantes, de les contraindre en leur imposant des solutions.

— Oui, enchaîne Quentin, un peu comme Romain quand il a commencé à voir son psy. Il se disait que Denis le manipulait, le persécutait en toute connaissance de cause, qu'il était psychologiquement perturbé et qu'il fallait le fuir au plus vite. Les PIC, quoi.

Mais si Romain a adhéré un temps à cette logique, c'est aussi parce qu'il ne savait pas comment voir les choses autrement.

— Sans aucun doute. Et de la même manière, Denis ne savait pas non plus comment faire autrement pour trouver une solution à la situation qui l'angoissait.

Ils commencent à échanger quelques balles.

— Mais alors, demande Quentin, que faire ?

— Je te propose de regarder les choses différemment, de considérer la notion d'homéostasie appliquée aux conflits interpersonnels. L'homéostasie, c'est la recherche de l'équilibre interne malgré les contraintes extérieures. En matière de conflit, c'est la recherche de stabilité par une personne soumise à des influences négatives dans ses relations aux autres. On peut la décliner en trois principes : la recherche d'harmonie, la recherche d'équilibre et la recherche de satisfaction des besoins. Toutes les personnes en relation sont soumises à ces trois lois, consciemment ou non.

— L'harmonie, l'équilibre, la satisfaction des besoins... Où cela nous mène-t-il ?

— Cela va nous permettre de mieux comprendre les mécanismes du jugement, des prêts d'intentions, de la contrainte et nous fournir des outils pour mieux les appréhender.

L'équilibre

L'homéostasie est un invariant du fonctionnement des personnes car nous sommes tous à la recherche d'équilibre, d'harmonie interne et de la satisfaction de nos besoins. Nous allons voir que ces recherches sont à la base des PIC.

La recherche d'équilibre, c'est soi dans le monde. C'est l'idée que l'on se fait de soi-même dans l'esprit des autres. Nous pouvons tous observer que notre simple présence a pour effet d'influencer les personnes autour de nous. Lorsque nous marchons sur le trottoir par exemple, les autres piétons s'écartent pour ne pas nous heurter. Et nous faisons de même.

La notion d'équilibre relationnel repose sur deux principes complémentaires : l'idée de réciprocité et celle d'équité. La réciprocité, c'est ce que nous attendons des autres en retour de l'intérêt que nous leur portons. On la retrouve dans les échanges de formules de politesse. L'équité, c'est le sentiment que la réponse des autres à nos actes ou à nos propos est juste, proportionnée, adaptée. Lorsque nous faisons un cadeau qui a de la valeur à nos yeux à quelqu'un, nous nous sentons floués si nous recevons en retour un cadeau de moindre valeur : notre besoin de réciprocité est satisfait, mais pas notre besoin d'équité.

Cette recherche d'équilibre fonctionne en positif et en négatif. Lorsque nous estimons que notre présence a une influence positive sur une autre personne, nous nous attendons à être influencés positivement en retour, dans des proportions équitables. Et si nous n'obtenons pas ce retour, nous allons nous dire que l'autre est animé de mauvaises intentions à notre égard. À l'inverse, lorsque nous sommes influencés négativement par une autre personne, lorsque nous percevons un déséquilibre dans notre relation avec elle, nous nous disons qu'elle est mal intentionnée à notre égard et nous sommes tentés d'exercer en retour une influence négative sur elle. Nous cherchons ainsi à rétablir l'équilibre relationnel.

La dynamique conflictuelle de ce mécanisme saute aux yeux. Le déséquilibre que nous percevons n'est probablement pas vécu comme tel par l'autre personne. Dès lors, le comportement que nous adoptons pour le rétablir va être considéré par l'autre comme un facteur de déséquilibre, qui devra à son tour être compensé.

D'après les dires de Romain, nous pouvons imaginer sa relation avec Denis avant leur séparation. Ils sont ensemble depuis plusieurs années, ils s'aiment. Mais du fait de sa relation homosexuelle, Denis vit dans l'angoisse d'être séparé de l'enfant qu'il vient d'adopter. En conséquence, il fait en sorte que Romain soit aussi peu visible que possible dans sa vie. Romain, qui n'a pas les craintes de son compagnon, comprend mal ce besoin de l'écarter et il en souffre. Un déséquilibre se crée, qu'il attribue au fait que son compagnon est mal intentionné à son égard. Ce sera d'ailleurs la conclusion du psy. Denis, de son côté, est très attaché à son enfant. Lorsque surgit l'angoisse de le perdre, il s'efforce d'effacer Romain, ne comprenant pas pourquoi ce dernier s'obstine, leur faisant prendre des risques, à son fils et à lui. Dans son esprit, c'est imprudent de la part de Romain, peut-être irresponsable, mal intentionné. Ce déséquilibre l'incite à augmenter la pression sur son compagnon.

La recherche d'équilibre relationnel est à la base du mécanisme du prêt d'intentions négatives, déclencheur des émotions conflictuelles.

L'harmonie

La recherche d'harmonie, c'est le monde en soi. C'est l'image que chacun intériorise, dans son esprit, du monde qui l'entoure. Ce sont toutes les constructions mentales interprétatives que le cerveau produit pour donner du sens à la réalité observable.

Lorsqu'une information que capte le cerveau se trouve en contradiction avec un modèle, une norme, un principe établi, la personne tend spontanément à réinterpréter cette information pour lui donner un sens conforme à sa vision de la réalité. Si ce mécanisme ne se mettait pas en œuvre, la personne serait conduite à reconsidérer sa manière de penser, à peut-être renoncer à des certitudes, à des croyances, à modifier sa grille de lecture pour y intégrer cet élément nouveau. Mais interpréter la réalité pour l'adapter à ses schémas de pensée est plus facile que l'inverse.

Voici une représentation graphique de ce mécanisme :

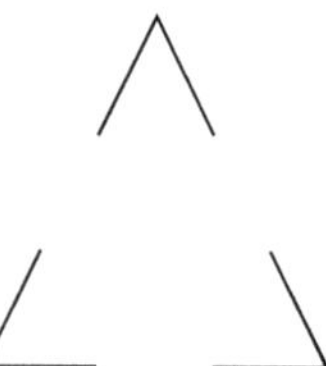

Que voit-on sur ce schéma ? Un triangle. En tout cas on le devine, car il n'est pas totalement tracé. Mais le cerveau complète aisément les éléments manquants pour donner une forme connue au dessin. Pourtant, plusieurs interprétations sont possibles :

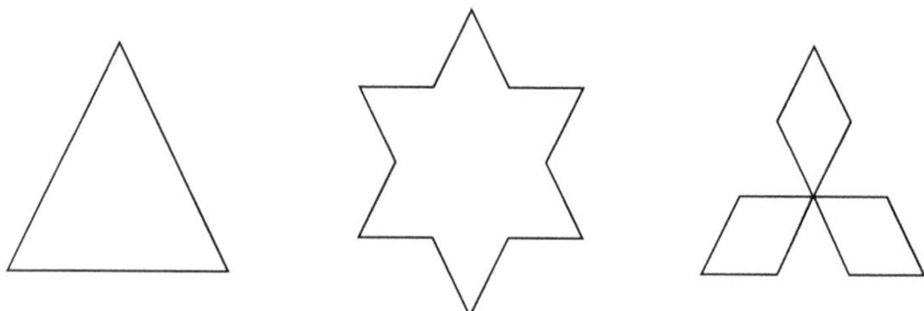

Toutes ces formes sont élaborées à partir du même graphique de départ. Pourquoi le cerveau a-t-il jugé qu'il s'agissait d'un triangle ? Peut-être parce que c'est la forme la plus simple, celle pour laquelle le nombre de compléments à ajouter est le plus faible. L'interprétation est donc logique. Pourtant, le dessin de départ montre des traits disposés de manière régulière, rien de plus. Le reste n'est que le produit de l'imagination, pour donner du sens. C'est la recherche de l'harmonie.

Dans la réalité des relations interpersonnelles, la recherche d'harmonie conduit les personnes à interpréter ce qu'elles perçoivent, à donner un sens, à concevoir dans leur esprit une représentation intelligible du monde. Pour

Romain, l'attitude de Denis est en contradiction avec ce que l'on peut attendre d'une relation de couple. Chercher une cause rationnelle et objective à cette situation conflictuelle lui semble inconcevable. La solution alternative consiste à interpréter le comportement de Denis comme relevant d'une pathologie identifiée. Il adopte alors le diagnostic de son psy : Denis est un pervers narcissique.

La recherche d'harmonie est à la base du mécanisme d'interprétation et des jugements, déclencheur des émotions conflictuelles.

La satisfaction des besoins

Le troisième principe de l'homéostasie concerne les interactions entre soi et les autres. Chaque être humain est soumis à des besoins, qu'il identifie plus ou moins bien, s'efforçant d'interagir sur son environnement dans le but de les satisfaire. Cette recherche de satisfaction est donc un moteur pour interagir sur le monde qui l'entoure.

On observera que l'interaction a parfois pour but d'obtenir quelque chose que l'on n'a pas, d'autres fois de préserver quelque chose que l'on a déjà. Dans le premier cas, la personne se met activement en mouvement, dans le second cas, l'interaction prend la forme d'une résistance, d'une inertie au changement. Dans tous les cas, l'action en recherche de satisfaction produit de la contrainte sur les autres. Elle est source de conflit.

La recherche de satisfaction apparaît dans les comportements de Denis et de Romain. Le premier fait pression sur le second pour l'inciter à se mettre en retrait, tandis que ce dernier fait preuve de résistance pour préserver la relation.

La recherche de la satisfaction des besoins est à la base du mécanisme de la contrainte, déclencheur des émotions conflictuelles.

Tout à leur discussion, Antoine et Quentin échangent mécaniquement les balles.

— Bon, reprend Quentin. Je comprends l'homéostasie. Mais quels sont les outils dont tu parlais tout à l'heure ?

— Il y en a plusieurs. Tu te souviens de la dimension émotionnelle du conflit ? C'est même ce qui le différencie du litige, où la dimension technique est prépondérante, ou du contentieux, où la dimension juridique prédomine.

— Oui, je m'en souviens.

— Nous avons vu aussi les mécanismes de l'escalade conflictuelle, lorsque les personnes s'expriment de manière de plus en plus limitée à un registre, le logos, l'ethos, ou le pathos.

— Oui, je m'en souviens aussi. Et nous avons vu les déclencheurs de ces émotions, les PIC.

— Exactement. Tu vois que nous avons là trois dimensions de la dynamique conflictuelle, trois points d'entrée pour agir, trois prises sur le conflit. Le premier, les émotions, est du domaine des ressentis. Le deuxième, c'est l'escalade, qui relève de l'expression du vécu, des mots que les personnes utilisent pour le décrire. Et le troisième, les PIC, correspond à la manière dont les personnes agissent et réagissent dans leurs interactions conflictuelles.

— Trois points d'entrée… et pour chacun d'eux il y a des outils spécifiques ?

— Des outils, oui, et aussi des instruments pour mesurer la qualité de la relation. Le premier outil, c'est la reconnaissance. Il permet d'agir sur les émotions négatives, de libérer les personnes des entraves qui les aliènent. Le deuxième, c'est l'expression des faits, de leurs conséquences, des ressentis. Cet outil est à l'opposé de l'escalade. Il apporte aux personnes un éclairage sur ce qui s'est réellement passé dans leur conflit et leur permet de partager une vision commune de la réalité. Le troisième volet, c'est l'équivalent des PIC, mais en positif. Comme tu peux le constater, les jugements, interprétations et contraintes sont inévitables, même dans une relation de bonne qualité. On ne peut pas ne pas juger, prêter des intentions ou contraindre. Mais quand la relation est fondée sur la confiance, les PIC sont en positif. Ce n'est pas vraiment un outil, c'est le langage de la communication de confiance.

— En résumé, tu dis qu'il y a un outil pour apaiser les émotions, un outil pour se comprendre et le langage de la confiance.

— Oui. Je t'enverrai un e-mail sur ce sujet, comme cela tu pourras expérimenter par toi-même ces outils dans tes prochaines relations conflictuelles...

— Je te remercie. Et pour mon conflit, à Vierzon, avec le manager caractériel ?

— Tu peux peut-être organiser une médiation pour ramener les personnes à plus de raison, moins d'interprétations psychopathologiques.

— D'accord. Ils ne veulent pas en entendre parler, mais je peux l'imposer, c'est une décision managériale. En revanche, je ne peux pas leur imposer de trouver une solution.

— Ça, c'est le travail du médiateur...

L'essentiel : l'homéostasie

Le fonctionnement conflictuel des personnes en relation s'explique par un principe d'homéostasie, c'est-à-dire la recherche de stabilité malgré l'existence de forces déstabilisatrices. Dans les relations interpersonnelles, l'homéostasie comprend trois dimensions : la recherche d'harmonie, la recherche d'équilibre et la recherche de satisfaction des besoins. Chacune de ces dimensions est associée à l'un des comportements conflictuels identifiés au chapitre 3 : le prêt d'intentions négatives, l'interprétation et la contrainte.

La recherche d'équilibre déclenche le mécanisme du prêt d'intentions. Lorsqu'une personne identifie un déséquilibre dans sa relation avec une autre, un défaut de réciprocité ou d'équité, elle va expliquer ce déséquilibre relationnel en se disant que l'autre personne est mal intentionnée à son égard.

La recherche d'harmonie est à l'origine des interprétations. Celle-ci est une réponse du cerveau à la réception d'une information qui ne s'inscrit pas dans ses schémas de pensée établis. Il donne alors un sens à la réalité observée, il l'interprète.

La recherche de satisfaction des besoins est à la source des comportements contraignants. Dans ses relations interpersonnelles, chacun est conduit à exercer des contraintes sur d'autres personnes pour atteindre les buts qu'il s'est fixés, et ce d'autant plus facilement qu'il juge négativement ces personnes ou leur attribue des intentions malveillantes à son égard.

Exercice n° 1 : identifiez les composantes de l'homéostasie

Retrouvons Sibylle, que nous avons rencontrée au chapitre 1. Identifiez et notez ci-dessous les composantes de l'homéostasie dans son comportement.

La recherche d'harmonie :

....
....
....
....
....

La recherche d'équilibre :

....
....
....
....
....

La recherche de la satisfaction des besoins :

....
....
....
....
....

Solution

Lorsque Sybille rentre de son congé maternité, elle constate que son bureau a été déplacé. C'est un fait observable. Elle constate aussi qu'il est plus petit, moins éclairé, plus loin du cœur de l'entreprise.

La recherche d'harmonie

En revanche, elle estime que ce nouvel environnement de travail n'est pas en adéquation avec ses besoins. Sans préjuger de la pertinence de ses raisons, nous pouvons faire le constat qu'une disharmonie est apparue dans son esprit.

Sybille a le choix entre deux modes de résolution de cette disharmonie. Le premier est de considérer ce nouveau bureau inadapté à son niveau de compétences et de responsabilités. Le second est de revoir à la baisse son idée de sa place dans l'entreprise, peut-être surestimée jusqu'alors.

Ici, elle adopte la première solution. Son esprit retrouve son harmonie interne, et elle se met en colère. En toute logique.

La recherche d'équilibre relationnel

Sybille observe une différence de traitement entre elle et d'autres collègues, mieux lotis. Cet écart constitue un déséquilibre, qu'elle explique par un prêt d'intentions : les personnes qui sont intervenues dans la décision de ce changement sont mal intentionnées à son égard.

La satisfaction des besoins

Sybille va maintenant chercher à satisfaire ses besoins : retrouver un espace de travail qui lui convient. Elle envisage donc une démarche auprès du tribunal des prud'hommes pour contraindre l'entreprise dans un sens conforme à ses attentes.

Exercice n° 2 : analysez votre homéostasie

Maintenant que vous savez identifier les composantes de l'homéostasie, vous pouvez appliquer cette analyse à vous-même. Pensez à un conflit ou à une difficulté relationnelle que vous rencontrez avec une personne, au travail ou dans votre vie personnelle, et notez ci-dessous vos réflexions.

Mon conflit ou ma difficulté relationnelle :

....
....
....
....

Ma recherche d'harmonie :

....
....
....
....

Ma recherche d'équilibre :

....

....

....

....

Ma recherche de la satisfaction de mes besoins :

....

....

....

....

Premier outil pour sortir d'une relation conflictuelle : la reconnaissance

E-Mail d'Antoine à Quentin, mercredi 29 janvier, 8 h 25

Salut Quentin,

Pour aborder ce premier outil qu'est la reconnaissance, je te propose de partir des trois aspects de l'homéostasie. Pour chacun d'eux, il existe un mode d'expression de la reconnaissance : la légitimité des points de vue, associée à la recherche d'harmonie, les bonnes intentions pour soi, associée à la recherche d'équilibre, et la maladresse associée à la recherche de satisfaction des besoins.

Les trois modes d'expression de la reconnaissance : légitimité des points de vue, bonnes intentions envers soi-même et maladresse

Avant sa discussion avec Quentin, Romain suit l'analyse de son psy et interprète la situation en estimant que Denis souffre d'une pathologie. Ce mécanisme répond à un besoin d'harmonie dans l'esprit de Romain. C'est un besoin tout à fait légitime, et ses constructions mentales, ses points de vue, sont tout aussi légitimes. C'est là notre première observation : quelles que soient leurs croyances, leurs convictions, les personnes sont légitimes dans leurs points de vue.

Par ailleurs, Romain ressent un déséquilibre dans sa relation avec Denis. Ce dernier lui semble nourrir à son encontre des intentions malveillantes. En réalité, Denis essaie de réduire l'angoisse que lui cause l'idée de perdre son fils. Il est donc animé de bonnes intentions pour lui-même. C'est notre deuxième observation : quelles que soient les apparences, les personnes sont avant tout animées de bonnes intentions envers elles-mêmes.

Enfin, Romain résiste à la pression de Denis. Il ne veut pas les quitter, lui et l'enfant. Pour se défendre des tentatives de Denis de l'écarter, il adopte à son tour des comportements que son compagnon va vivre très mal. Romain n'a pas conscience de la dysharmonie en lui, ni du déséquilibre relationnel. Il est dans l'ignorance de ces mécanismes, ce qui le rend maladroit. C'est notre troisième observation : les personnes sont maladroites dans leur recherche de la satisfaction de leurs besoins.

Il se dégage donc trois principes de ces observations de l'homéostasie : la légitimité des points de vue, les bonnes intentions pour soi-même et la maladresse. L'outil associé est l'expression de la reconnaissance. C'est le fondement de l'altérité.

Si vous vous retrouvez face à une personne qui défend des points de vue en apparence éloignés de la réalité, lui exprimer la reconnaissance de la légitimité de ses points de vue, sans nécessairement les partager, lui permet de ne pas se sentir jugée. De même, une personne dont le comportement est manifestement hostile ne sentira pas que l'on cherche à la culpabiliser si elle est reconnue dans ses bonnes intentions vis-à-vis d'elle-même. Enfin, une personne qui adopte des comportements contraignants cherche maladroitement à satisfaire des besoins qu'elle a identifiés. La reconnaissance de cette maladresse permettra à cette personne de ne pas se sentir accusée.

L'expression de la reconnaissance a pour objet de réduire la charge émotionnelle des personnes en conflit. Elle incite à réfléchir et à écouter, et évite aux personnes d'entrer dans une dynamique d'argumentation et de contre-argumentation, c'est-à-dire de surenchère.

Jeudi 30 janvier, 18 h 25

Le téléphone portable de Quentin retentit. C'est Caroline, sa belle-sœur. « Peut-être qu'elle m'appelle pour son problème avec Nicolas », pense-t-il.

Il décroche.

— Salut Caroline ! Tu vas bien ?

— Bonjour Quentin. Moi ça va, c'est plutôt Nicolas qui file un mauvais coton. En ce moment, je lui demande de participer plus à la charge des enfants. Il le vit mal. Tu le connais, quand il a décidé quelque chose, impossible de lui faire voir les choses autrement, il s'entête. C'est peut-être une déformation professionnelle ; je sais qu'avec ses salariés, il ne transige pas facilement, à en devenir arrogant. Avec lui, il ne faut pas se laisser faire, sinon il ne vous laisse que les miettes.

— Tu veux dire que dans votre relation, tu vois les blocages de son côté, tandis que tu serais prête à transiger.

— Oui, c'est évident. Mais ce n'est pas pour cette raison que je t'appelle. Je voulais m'excuser pour notre dernière rencontre à l'aéroport. Tu as dû me trouver assez cavalière !
— Sur le coup, un peu, oui. Mais Noémie m'a expliqué pourquoi vous étiez pressés… et cela m'a permis de réfléchir sur un mécanisme très présent dans les relations conflictuelles.
— Je suis contente si cette expérience t'a été utile, répond Caroline avec une pointe d'ironie. Et qu'est-ce que c'est, ce mécanisme ?
— Le « prendre pour soi » : se poser soi-même comme cible des actes ou des propos des autres. À l'aéroport, j'ai imaginé un moment que tu pouvais m'en vouloir. En réalité, ça n'avait rien à voir avec moi.
— C'est évident, mais tu en parles comme s'il en allait de même dans tous les conflits. Quand tu te disputes avec Noémie, vous vous dites bien des choses qui sont dirigées l'un contre l'autre ! Vous le prenez pour vous, justement parce que ça vous est destiné !
— Tu penses aussi à ton conflit avec Nicolas…
— Bien sûr ! Quand il me traite de folle, qu'il me dit que je suis dévorée par la rancœur, que je vampirise les enfants, tu ne me feras pas croire que ce n'est pas dirigé contre moi !

« Tout y est, jubile Quentin en s'efforçant de ne pas laisser transparaître sa joie. Les prêts d'intentions, les interprétations et jugements, les contraintes… Voyons comment mettre de la reconnaissance dans tout cela.
Les interprétations, d'abord. Elle estime que Nicolas est entêté, peut-être du fait de son travail. C'est une explication comme une autre pour donner un sens au comportement de Nicolas. »

— Face à l'entêtement de Nicolas, tu as essayé de lui faire comprendre que vos relations seraient plus simples s'il y avait plus de souplesse…

— Bien sûr que ce serait plus simple. Je peux faire tous les efforts possibles, mais ça ne suffit pas quand il oublie l'heure de sortie de l'école ou leurs activités, qu'il néglige la qualité des repas. Je dois garder un œil sur tout même quand il en a la garde. C'est se moquer du monde !

« La reconnaissance des bonnes intentions, maintenant. Elle me sert la réplique sur un plateau… »

— En fait, tu fais ton possible pour le bien des enfants…

— C'est ma priorité. S'il y mettait du sien, on n'en serait pas là.

« Parfait, se dit Quentin. La reconnaissance de la maladresse, maintenant. »

— Finalement, ce que tu as essayé n'a pas fonctionné, alors tu le poursuis au tribunal, faute de mieux.

— Oui. J'aimerais mieux résoudre les choses autrement, mais si je le laisse faire, j'ai l'impression qu'il ne s'arrêtera jamais, il exigera toujours plus et donnera toujours moins.

Ils continuent un moment leur échange, Quentin s'efforçant d'identifier les PIC dans les propos de Caroline, les traduisant en reconnaissance. Il remarque que le ressentiment de son interlocutrice diminue peu à peu. Au bout d'un quart d'heure, elle parle presque calmement de sa relation avec Nicolas.

— En fait, ce qui pourrait t'aider, c'est une tierce personne qui te permettrait de discuter calmement avec Nicolas dans un esprit d'ouverture…

— Mais non, ça ne m'aiderait pas ! coupe Caroline avec humeur. Maintenant, les choses se traitent directement au tribunal, je ne veux plus parler avec lui.

« Tiens, ça dérape, se dit Quentin. »

— Tu veux dire que tu as perdu tout espoir d'une discussion constructive avec lui ?

— C'est évident. Du reste, cela me fatigue d'en parler, je te propose que l'on en reste là. D'ailleurs, il faut que j'aille m'occuper des enfants.

— Entendu, à bientôt alors.

— Oui, à bientôt. Salut.

✉ *E-Mail de Quentin à Antoine, le même jour, 22 h 50*

Bonjour Antoine,

J'ai testé la reconnaissance avec Caroline, ma belle-sœur. Plutôt concluant. Je t'envoie en pièce jointe un résumé de ma conversation avec elle.

Je dois quand même réfléchir pour identifier à la volée les jugements, les prêts d'intentions, les contraintes. Et j'ai parfois du mal à formuler de la reconnaissance d'une manière qui paraisse naturelle, même si je ne crois pas qu'elle s'en soit rendu compte.

Et puis il y a eu un petit dérapage de Caroline au cours de la conversation quand j'ai évoqué ce qui pourrait l'aider avec Nicolas. Elle s'est énervée, la discussion a tourné court.

Amitiés,

Quentin

✉ *E-Mail d'Antoine à Quentin, le même jour, 23 h 25*

Hello Quentin,

Merci pour ce compte rendu circonstancié. Tu t'en es bien tiré, malgré tes doutes. Sur le décodage en temps réel des PIC, de même que sur la formulation de la reconnaissance, je te répondrai que c'est un métier… celui de médiateur professionnel. Cela viendra, avec le temps et la pratique.

Sur ta seconde remarque, Caroline s'est énervée quand tu lui as proposé une idée de solution. Ce n'est pas elle qui a dérapé, c'est toi… Tu as supposé qu'elle attendait d'être aidée, mais ce n'était pas le cas. Elle ne t'a pas demandé de lui trouver une solution, elle la connaît déjà. Tu es tombé dans le piège de l'empathie, de l'altruisme, du besoin de rendre service. Tu t'es mis à l'écoute de tes propres ressentis. Pour se prémunir contre cette tentation, nous disposons de la technique de l'altérocentrage : la communication en altérité.

La reconnaissance n'est pas l'altruisme

La reconnaissance est très différente de l'altruisme. Dans une relation, l'altruisme consiste à vouloir le bien de l'autre personne. Il est suscité par un élan de sympathie, d'empathie ou de compassion. L'altruisme est associé à la bienveillance, à la tolérance. La démarche altruiste implique une première évaluation de ce dont l'autre a envie ou besoin. Elle est donc fondée sur une interprétation.

Quentin suppose que la colère de Caroline à l'égard de Nicolas résulte de ses difficultés à discuter calmement avec lui, que c'est là le principal point d'achoppement de leur relation. Il en déduit que Caroline a besoin de restaurer cet espace de discussion pacifiée avec Nicolas. Or, il n'en est rien. En tout cas, elle n'a rien demandé.

La démarche altruiste implique également une évaluation des moyens à mettre en œuvre pour satisfaire le besoin supposé de l'autre personne. Lorsque Quentin évoque l'aide d'un tiers, il est guidé par sa conception subjective de la solution au problème de sa belle-sœur. Mais elle voit les choses différemment. Elle n'a que faire d'une solution pacifique alors qu'elle a déjà adopté la solution judiciaire.

Ainsi, la démarche altruiste peut s'avérer particulièrement pesante si l'une ou l'autre interprétation tombe à côté. C'est ce que résume le proverbe « L'enfer est pavé de bonnes intentions ». Par ailleurs, l'altruisme de même que la tolérance, n'implique pas la reconnaissance, ni même l'acceptation de l'autre personne.

L'altérocentrage : la communication en altérité

La communication altérocentrée, c'est la communication centrée sur l'autre. Elle consiste à focaliser son attention sur ce que dit l'autre personne, tout en l'aidant à verbaliser de manière aussi précise et complète que possible ce qu'elle cherche réellement à exprimer. Cette posture implique de faire abstraction de ses propres opinions, sentiments, intentions. Elle est donc incompatible avec l'altruisme, la bienveillance, la tolérance ou le respect.

La communication altérocentrée comprend plusieurs dimensions. La première est une dimension d'écoute. Il ne s'agit pas de l'écoute active, fondée sur le questionnement et sur l'empathie. L'écoute altérocentrée consiste à prendre connaissance du message de l'autre sans interpréter ni juger, sans spéculer sur ses intentions, sans orienter sa réflexion dans une direction ou dans une autre.

La seconde dimension est une restitution du sens. Elle consiste à aider l'autre personne à préciser et à clarifier le sens de son propos. Il ne s'agit pas d'une simple reformulation destinée à montrer que l'on a compris, c'est une démarche active, dynamique, d'assistance à la formulation. C'est aussi la restitution des attitudes, des gestes et comportements. Lorsqu'une personne s'agite en parlant, il suffit parfois de le lui faire remarquer pour déclencher la recherche d'une explication à cette agitation, lui faire prendre conscience d'un état émotionnel.

La restitution du sens vise en outre deux objectifs complémentaires : le recentrage et le recadrage.

Le recentrage

L'objectif du recentrage est de centrer le discours de la personne sur elle-même, sur son vécu, sur ses ressentis. Lorsqu'une personne s'exprime en situation conflictuelle, il est fréquent qu'elle se mette à parler de l'autre, de ce qu'il aurait dû faire ou ne pas faire, de ses intentions supposées. Le recentrage a pour but de focaliser la personne sur la manière dont elle-même a vécu les choses.

Caroline dit quelque chose comme : « Nicolas ne change pas facilement d'avis. » Elle évoque en fait une difficulté à laquelle elle-même est confrontée, celle de faire évoluer l'opinion de son ex-conjoint. Cette phrase pourrait être recentrée par Quentin en : « Tu as du mal à infléchir son point de vue. » Cette manière de dire les choses centre la discussion sur Caroline, sur ses difficultés à se faire comprendre, plutôt que sur la personne absente, Nicolas, et ses difficultés à changer d'avis. Le recentrage est une technique de responsabilisation.

Le recadrage

Le second objectif de la restitution de sens est de ramener les propos de la personne sur le contexte de sa relation, ses objectifs, ses attentes, lorsqu'ils débordent dans des zones où la discussion risque de se perdre. Caroline dit par exemple : « Avec ses salariés, il ne transige pas facilement. » Cet exemple se situe en dehors du cadre de sa relation avec Nicolas. Quentin aurait pu recadrer en disant : « Dans votre relation, tu crains qu'il n'en abuse si tu montres ta volonté d'apaiser les choses. » Il devient alors possible d'avoir une prise sur les événements réellement vécus.

L'essentiel : la reconnaissance comme outil d'apaisement

La reconnaissance est une posture non jugeante, en altérité. Dans une relation, elle consiste à exprimer à l'autre personne qu'elle est légitime dans ses points de vue, ses intentions, sa maladresse. Elle est l'expression *a priori* de cette légitimité. Elle est donc exempte des émotions liées à l'empathie, la sympathie ou la compassion, associées aux postures d'altruisme, de tolérance ou de bienveillance.

La reconnaissance n'est pas non plus la résignation, l'acceptation fataliste de la différence. Elle n'implique pas nécessairement un accord sur les points de vue exprimés et n'empêche pas non plus d'agir.

En se fondant sur l'observation que les personnes en conflit sont maladroites, la reconnaissance est un outil d'apaisement, de réduction de la charge émotionnelle. Elle ouvre la voie à un mode de pensée et de communication plus rationnel, objectif, propre à conduire les personnes sur le chemin de la résolution de leur conflit.

En complément de la reconnaissance, la communication centrée sur l'autre – ou altérocentrée – permet un dialogue clair, précis, constructif, responsabilisant, focalisé sur la personne et sur les enjeux importants pour elle.

Exercice : formulez la reconnaissance

Voici un dialogue conflictuel entre Mme Lambert et Mlle Martin, deux voisines. Imaginez des formules de reconnaissance que vous pourriez exprimer à Mme Lambert en tant que tiers extérieur au conflit, selon les trois aspects de la reconnaissance : légitimité des points de vue, bonnes intentions vis-à-vis de soi-même, maladresse. Vous pouvez ensuite faire le même exercice avec Mlle Martin.

Mme Lambert : Vous êtes encore rentrée au milieu de la nuit et vous avez fait un boucan d'enfer. Je vous l'ai dit gentiment une fois, deux fois, mais là vous exagérez. Vous nous avez réveillés, mon mari et moi, et on n'a pas pu se rendormir. Vous n'avez aucun respect pour les autres. Vous n'êtes qu'une dépravée, vous devriez avoir honte ! Je vais me plaindre au syndic, on va vous faire expulser !

Mlle Martin : Bah, ça ne peut pas vous faire de mal, à votre âge, de voir des gens qui s'amusent et profitent de la vie. Ça ne doit pas vous arriver tous les jours…

Mme Lambert : Insolente !

Légitimité des points de vue

....

....

....

Bonnes intentions

....

....

....

Maladresse

....

....

....

Solution

Légitimité des points de vue

Ce que vous souhaitez avant tout, Mme Lambert, c'est de pouvoir dormir tranquille, sans être réveillée. Au départ, vous avez cherché à comprendre votre voisine, tout en lui exposant de manière pacifique votre point de vue, qui vous paraît légitime.

Bonnes intentions vis-à-vis de soi-même

Vous avez constaté qu'en dépit de vos efforts, cette situation qui vous dérange s'est reproduite. Vous ressentez un déséquilibre dans votre relation avec votre voisine, c'est pourquoi cette fois vous avez décidé de réagir plus énergiquement.

Maladresse

N'étant pas parvenue à faire passer votre message auprès de votre voisine, vous êtes malgré tout animée par une recherche de relations de voisinage satisfaisantes. Alors vous avez choisi de faire pression sur Mlle Martin en vous plaignant au syndic, faute de trouver une meilleure solution.

Chapitre 11

Deuxième outil : l'expression en FCR

Mardi 4 février, 20 h 40

Antoine et Quentin sont attablés au Coréen, un petit restaurant découvert quelques années plus tôt où ils aiment se retrouver de temps en temps. L'ambiance y est feutrée, propice à la discussion. Et l'on y mange bien.

— J'ai repensé à cette idée de la reconnaissance, dit Quentin. Elle a bien fonctionné avec Caroline. Mais elle ne m'a pas permis de faire évoluer son point de vue.

— Si ton but est de modifier le point de vue de tes interlocuteurs, alors la reconnaissance ne suffira pas, en effet.

— Tu as peut-être d'autres outils dans ta panoplie…

— Observe le comportement des humains en situation de conflit. Que fait-on quand on a la certitude d'avoir raison ? On s'efforce de convaincre. On rationalise, on explique, on démontre. On tente d'impressionner, de faire valoir nos compétences, notre expérience, notre âge, nos actions passées. Parfois, on cherche à séduire, à émouvoir, à attendrir. Quelquefois même on se met en colère dans l'espoir d'intimider. Bref, on est dans une recherche de domination, parfois sans même en avoir conscience. Et l'autre fait pareil, sans en avoir conscience non plus.

— Oui, le logos, l'ethos et le pathos. Nous avons déjà vu tout ça. Où veux-tu en venir ?

— Tu vois bien qu'en situation de conflit, il n'est pas utile de chercher à changer le point de vue de l'autre. Bien sûr, ce serait bien si ça marchait. Mais ça ne marche pas. Et c'est là qu'interviennent les outils de la qualité relationnelle, à commencer par la reconnaissance, qui va permettre de réduire les émotions conflictuelles de ton interlocuteur, et c'est tout. Tu ne vas pas le convaincre ni faire bouger ses croyances ou ses certitudes avec de la reconnaissance. Tu ne vas rien faire d'autre que le calmer. En revanche, tu vas l'aider à se mettre en condition pour réfléchir, pour raisonner de manière constructive. Mais cela prend du temps, il ne faut pas être trop pressé.

— Je comprends. D'abord la reconnaissance pour calmer les esprits, ensuite on discute pour faire évoluer les points de vue.

— Presque. Calmer les esprits, oui. Faire évoluer les points de vue, pas tout à fait. Notre deuxième outil sert à structurer la pensée. Il permet aux personnes d'avoir les idées claires sur ce qui les a entraînées dans cette relation conflictuelle, et c'est leur propre réflexion qui les fera peut-être changer de point de vue. Cet outil est un mode d'expression, une manière de formuler les idées fondées sur la description des faits, de leurs conséquences et ressentis associés. Il est une garantie contre la communication en adversité.

Faits

Nous avons abordé au chapitre 3 le volet dynamique de la construction du conflit avec les PIC : les prêts d'intentions malveillantes, interprétations et jugements négatifs et les contraintes. L'expression en faits, conséquences et ressentis associés (FCR) est fondée sur ces déclencheurs du conflit. L'énoncé des faits remplace ainsi l'expression des jugements et interprétations, les ressentis sont la traduction des prêts d'intentions, et la déduction des conséquences remplace les contraintes.

Exposer les faits bruts, observés, constitue la première étape de l'expression en altérité. Les faits s'opposent aux interprétations. Au chapitre précédent, Caroline affirme que Nicolas s'occupe mal des enfants lorsqu'ils sont avec lui. Selon elle, il n'est pas compétent. Elle estime qu'il est plus intéressé par ses activités sociales et professionnelles que par sa vie familiale, qu'il est négligent. Il est aussi mauvais cuisinier. Elle émet donc des doutes sur son aptitude à être un bon père. Cette manière de décrire la réalité comprend plusieurs interprétations, généralisations, approximations et exagérations.

Les faits pourraient être les suivants : la semaine dernière, Caroline a confié les enfants à Nicolas. Il est venu les chercher à l'école une heure après la fermeture des classes et les a laissés regarder la télévision alors que des activités étaient prévues. Le soir, il leur a demandé ce qu'ils souhaitaient manger, et ils ont préféré se faire livrer une pizza en disant qu'ils ne mangeaient pas ça chez maman.

L'expression des faits permet ainsi de coller à la réalité sans la déformer. Elle donne une prise à la discussion et au raisonnement. Car il est illusoire d'espérer avoir un échange efficace à partir d'une description déformée, approximative ou incomplète de ce qui s'est passé. En revanche, la référence à des faits précis, identifiés, situés dans l'espace et dans le temps, permet un dialogue constructif.

Les interprétations s'expriment par des qualificatifs, des étiquettes que l'on colle aux gens : « il est incompétent », « négligent... », etc. Mais notez que les interprétations peuvent également être positives : « il est intelligent », « raisonnable », etc. Elles expriment un réel éloge ou une critique ironique, selon le contexte.

Contrairement aux interprétations, les faits sont quantifiables ou mesurables, et dans tous les cas vérifiables.

Conséquences

L'expression des conséquences s'oppose à celle des contraintes. Une conséquence résulte d'un fait. Elle en est la suite logique et présente avec lui un lien de causalité. Énoncer les conséquences est le deuxième volet de l'expression en altérité. Cette technique répond à la même exigence de clarification que l'expression des faits, et nécessite d'ailleurs que ces derniers soient exposés de manière précise.

Imaginons les faits suivants : il arrive que Nicolas soit une heure en retard ou une heure en avance au rendez-vous avec Caroline pour venir chercher les enfants quand elle les lui confie. De plus, il n'est pas toujours ponctuel lorsqu'il les accompagne à l'école. Ce que dit Caroline : « Nicolas m'empêche de m'organiser. Il compromet l'éducation des enfants et est la cause de leur retard scolaire. » La réalité, c'est que Caroline ne parvient pas à prévoir sa propre organisation, tant pour laisser les enfants à leur père que pour les aider dans leur parcours scolaire. Pour clarifier la situation, elle doit impérativement identifier les conséquences réelles la concernant, en termes d'utilité ou de contre-productivité.

Repensons à la dispute entre Quentin et Lucien. Si Quentin dit à Lucien : « Tu as fait une bêtise. Je suis contraint de te punir », cet énoncé témoigne de la dynamique contraignante dans laquelle Quentin s'est enfermé. Alors qu'il aurait pu dire : « Lorsque tu utilises mon ordinateur pour télécharger des jeux alors que je t'ai demandé de ne pas le faire, qu'en plus tu zappes l'antivirus, mon ordinateur en ressort planté. En conséquence je ne peux plus l'utiliser quand j'en ai besoin. » Voilà le type d'énoncé rationnel caractéristique d'une communication de qualité : des faits précis, des conséquences logiques.

La dynamique contraignante est purement réactionnelle. Elle ne procède pas d'une recherche de cause à effet mais se combine avec le système d'interprétation et de prêt d'intentions, le tout consistant à déresponsabiliser celui qui y a recours.

La confusion entre la conséquence et la contrainte s'exprime souvent sous cette forme : « Je n'ai pas le choix », « Je suis obligé de... » ou bien encore « Les circonstances font que je dois... ».

La contrainte peut être positive, on parle alors de contribution. Et de même que l'interprétation positive, elle peut être mal vécue dans une relation dégradée.

L'expression des conséquences permet d'éviter cet écueil. Elle relève d'une subtilité qu'il est indispensable de maîtriser pour clarifier sa communication.

Ressentis

La formulation des ressentis constitue le troisième volet de l'expression en altérité. Elle s'oppose aux prêts d'intentions, qui sont des ressentis qui n'ont pas été identifiés.

Lorsque Caroline dit que Nicolas fait exprès d'arriver en retard, voire d'arriver trop en avance, ce prêt d'intentions repose principalement sur son agacement. C'est de son état affectif dont il s'agit, bien plus que de la réalité des intentions du père de ses enfants. Pour être dans l'authenticité et responsable d'elle-même, elle devrait plutôt dire : « Je me sens démunie, agacée, exaspérée... »

Les prêts d'intentions s'expriment avec des phrases du type : « Il veut... », « Il ne veut pas... », « Il pense... », « Il ne pense pas... », « Il a pour ambition de... ». C'est plus un jeu de devinettes de la pensée d'autrui que la transcription d'une réalité.

Au lieu de dire que l'autre a un pouvoir sur nous et de lui attribuer une intention dominatrice, il convient de trouver les mots correspondant à nos états émotionnels afin de les maîtriser et de sortir de sous la coupe de la personne à qui l'on prête une intention. La liste des états affectifs est beaucoup plus longue que ce que l'on peut imaginer, bien qu'elle soit difficile à parcourir lorsque nous sommes perturbés par les émotions conflictuelles. Notons que, là encore, les prêts d'intentions peuvent être positifs et alimenter la dynamique conflictuelle.

En conclusion, une communication conflictuelle se compose d'ingrédients de type prêt d'intentions négatives, interprétations négatives et dynamique contraignante. De même, les prêts d'intentions positives, les interprétations positives et la dynamique de contribution procèdent d'une communication à risque parce qu'elle peut facilement s'inverser ou être vécue comme complaisante. Ainsi, le langage en altérité développera une communication rationnelle fondée sur des faits précis, des conséquences logiques et des ressentis authentiques.

Dimanche 9 février, 22 h 20

Noémie est au lit. Quentin est rentré tard, bien après la tombée de la nuit, d'une longue promenade en vélo avec les enfants, ce dimanche après-midi. Au moment où Quentin s'allonge à ses côtés, Noémie lui exprime son mécontentement.

— Tu as vu l'heure à laquelle tu es rentré ? Tu n'es vraiment pas raisonnable ! Quand vous êtes tous les trois, vous ne vous souciez pas de moi. À cause de vous, le repas était trop cuit et on l'a mangé froid. Et puis Lucien n'a pas pu s'avancer sur ses devoirs et ça va encore être la course cette semaine. Quand tu pars aussi loin en vélo, tu ne penses pas à tout ça, et c'est moi qui rame !

« Faits, conséquences, ressentis, pense Quentin. Dire que je ne suis pas raisonnable, c'est un jugement, à reformuler en fait. Dans l'affirmation que le repas était raté à cause de nous, il y a l'idée d'une contrainte, à exprimer sous forme de conséquence. Le prêt d'intentions, c'est quand elle dit que je ne me soucie pas d'elle. À transformer en ressenti, donc. Voici ce que je pourrais dire en altérité : "Nous sommes rentrés après l'heure prévue. En conséquence, tu as eu du mal à t'organiser pour le repas et tu t'es sentie délaissée…" »

Tout en réfléchissant, Quentin observe que son état d'esprit est très différent aujourd'hui de ce qu'il aurait été auparavant : agacement, besoin d'argumenter, de se justifier. Il sait aussi que le point de vue de Noémie est légitime, qu'elle est animée de bonnes intentions. Et pour le coup, c'est lui qui a été maladroit. Pourquoi ne pas le reconnaître, après tout ?

— Tu aurais préféré que l'on rentre plus tôt, ou au moins que je te prévienne. Tu te serais moins inquiétée, et tu aurais pu t'organiser. C'était maladroit de ma part.

— Plutôt, oui. J'aimerais bien que tu fasses plus attention la prochaine fois. Je sais bien que les enfants ont besoin de prendre l'air le week-end, mais pensez à moi qui m'inquiète à la maison…

— Je m'en souviendrai, dit Quentin en prenant la main de Noémie dans la sienne.

Ils restent un moment silencieux.

— J'apprécie que tu ne t'énerves pas quand je te parle de sujets désagréables, reprend doucement Noémie. Je me sens écoutée.

— J'en suis heureux.

— J'ai réfléchi à notre dernière discussion, tu sais, sur la confiance. Depuis quelque temps, j'avais des incertitudes sur notre relation. Et puis tu m'as dit que tu avais confiance en moi. Ça m'a étonnée, sur le coup, mais beaucoup touchée, aussi. Ça m'a fait m'interroger sur ma propre confiance en toi. Et j'ai dû reconnaître que j'avais des doutes, à ce moment-là.

— Tu avais des doutes sur notre relation ?

— Oui. Mais je constate que notre relation a changé. Tu restes le même, toujours le Quentin que j'aime, mais mes rapports avec toi sont nettement plus agréables. J'observe aussi que la décision que tu as prise d'avoir une bonne relation avec moi fonctionne plutôt bien. Tu la mets vraiment en application, même si de temps à autre des choses m'irritent…

— Tu veux dire des choses que je fais et qui t'irritent ?

— Oui, dit Noémie en souriant, mais c'est pas grave, ça m'ennuierait que tu sois parfait d'un coup…

— Je crois que l'on va encore bien s'amuser, tous les quatre, dit Quentin en souriant à son tour.

« Après le langage de l'altérité, le langage de la complicité », pense Quentin en serrant Noémie dans ses bras.

L'essentiel : un outil de clarification et de structuration de la pensée

L'expression en faits, conséquences et ressentis (FCR) est un outil de clarification et de structuration de la pensée.

Les faits correspondent à ce que les personnes ont réellement vu ou entendu, indépendamment de toute interprétation de leur part.

Les conséquences sont les résultats logiques, indiscutables, d'un fait ou d'une succession de faits. Elles sont à l'opposé des contraintes, qui résultent non de la réalité des faits, mais de la représentation que se font les personnes du lien de causalité.

Les ressentis traduisent les émotions induites dans l'esprit des personnes.

L'identification et la clarification des faits, des conséquences et des ressentis permettent aux protagonistes de partager la même vision de ce qui se passe réellement dans la relation.

Exercice : traduisez en faits, conséquences et ressentis

Reprenez le dialogue conflictuel du chapitre précédent entre Mme Lambert et Mlle Martin. Exprimez en faits, conséquences et ressentis les propos de Mme Lambert.

Faits

....

....

....

Conséquences

....

....

....

Ressentis

....
....
....

Solution

Faits

À 3 heures du matin, lorsque vous êtes rentrée, des bruits de pas et de voix dans la cage d'escaliers m'ont réveillée.

Conséquences

J'ai passé une mauvaise nuit, car je n'ai pas pu me rendormir.

Ressentis

Je me sens ignorée, exaspérée, impuissante à changer les choses.

Chapitre 12

La relation de confiance

Cher lecteur, nous voici parvenus à cet ultime chapitre. C'est à la fois une fin et un commencement. Une fin pour mon histoire, un commencement pour votre propre réflexion et votre cheminement. J'ai choisi d'apparaître au milieu de mes personnages pour faire avancer les choses.

Quentin : la confiance

— Alors, Quentin. Tu pourrais peut-être me dire où tu en es, ce que tu as compris au fil de ces pages, ce que tu vas mettre eu œuvre dans ta vie…

— J'ai réfléchi à propos des PIC, de l'expression en faits, conséquences, ressentis, du fait de parler à la première personne. C'est une révolution dans mon existence. Habituellement, je m'exprimais en disant « On ». À l'école, on m'avait dit qu'il ne fallait pas être égocentrique. D'ailleurs, ce n'est pas « On », c'est les profs.

Désormais, je vais exprimer mes idées en disant « Je ». Je vais me discipliner pour trouver les bons mots pour décrire mes états émotionnels. Je vais être attentif à ne pas porter de jugements et à être logique dans les conséquences sans chercher à contraindre les autres. Il y a quand même un point qui m'a intrigué, c'est que les PIC peuvent être positifs. Et tu n'as pas développé ce sujet.

— C'est quelque chose qui aurait pu t'être utile, que je précise le fonctionnement des PIC positifs.

— En fait, j'ai compris que les PIC négatifs font référence à une communication conflictuelle et qu'ils participent de l'adversité. J'ai aussi compris que les PIC positifs sont associés à une communication sympathique, chargée d'émotions, qu'ils sont utilisés dans des relations de complicité. C'est-à-dire, par exemple : « Tu es de bonne volonté, tu es quelqu'un d'intelligent, cela me permet d'avoir un travail bien fait ». Ce langage en PIC positifs est très différent du langage de l'altérité qui nous conduit à nous exprimer de manière rationnelle. C'est le langage par lequel la raison maîtrise les émotions, tandis que les langages d'adversité, de complicité, c'est-à-dire d'antipathie, de sympathie et même d'empathie sont des langages où l'émotion s'impose à la raison. J'ai aussi réfléchi à la relation de confiance.

— Tu as peut-être fait des liens sur la manière de la développer et d'associer qualité relationnelle et relation de confiance.

— En effet. J'ai compris qu'auparavant, j'utilisais le langage des PIC positifs pour développer une relation de confiance. Je pensais aussi que le langage des PIC négatifs était adapté pour faire preuve de franchise. Et le cheminement au travers de ces pages m'a montré qu'il existe un mode de communication plus rationnel mais bien plus efficace. C'est celui de l'altérité, qui se compose de deux instruments : l'expression en faits, conséquences et ressentis, et l'expression de la reconnaissance.

— Et tu les as expérimentés dans ta relation avec Noémie.

— Tout à fait. Notre relation s'était tellement dégradée que je n'imaginais pas qu'il soit possible d'en arriver là où nous en sommes aujourd'hui. Nous avons balayé la méfiance, nous nous comprenons quand nous parlons, et nous avons adopté la prudence, à la fois dans nos réflexions et dans notre expression.

— En tout cas, tu parles pour toi. Noémie va pouvoir s'exprimer puisque je l'ai invitée aussi. Écoute, c'est elle qui arrive.

Noémie : la responsabilité

— Bonjour Noémie. Je te remercie de te joindre à nous. Tu arrives souriante.

— Oui, dit Noémie. Ce parcours a été pour moi un travail sur le lâcher-prise. Il m'a permis d'être plus en phase avec mon sens de la responsabilité, de me confronter et de confronter les autres.

— Tu as le sentiment de mettre cela en application dans ta relation avec Quentin.

— Oui. Avant, curieusement, ma communication n'avait pas d'autres repères que la crainte de mal faire, de recevoir des reproches ou d'avoir des regrets. Et cela me demandait beaucoup d'efforts. Aujourd'hui, j'ai acquis une meilleure visibilité sur les critères d'une relation de bonne qualité. Cela me demande de l'attention, mais pas d'efforts. Je me discipline, mais je ne me contrains pas.

— Ce que tu dis, c'est que tu as fait la découverte d'une discipline à part entière. Cette maîtrise de la raison te permet à la fois le lâcher-prise et de prendre de la distance avec des états émotionnels envahissants.

— C'est bien cela. Habituellement, j'attendais au mieux que chacun fasse un bout du chemin. J'en arrivais parfois, dans mes plus grands moments de sagesse, à me dire que la responsabilité était partagée à 50/50. Maintenant, j'observe que pour pouvoir me faire comprendre, je dois assumer la responsabilité à 100 % et qu'en aucun cas l'autre ne doit être appelé à se soumettre. La seule manière que j'ai de faire passer mon message, c'est de m'adapter et d'emporter l'adhésion de mon interlocuteur.

— J'ajouterai à cela, dit Quentin, que les discussions avec Noémie nous ont permis de faire une différence entre l'idée du doute et celle de la suspicion, toujours sur la question de la raison et de l'émotion. Avant, je n'avais pas pensé qu'il puisse exister une différence de ce genre. Désormais, le mot « doute » nous fait distinguer celui qui relève de la raison, comme lorsque l'on ne connaît pas les conséquences d'un acte. On ne peut dans ce cas qu'émettre un certain nombre d'hypothèses, le doute est ici rationnel. En revanche, lorsque l'on parle de doute et qu'il y a une dimension affective, on est dans le soupçon. Et il y a dans cette manière de penser une charge de prêt d'intentions et d'interprétation. Autant le doute rationnel nous permet de rester dans l'altérité, autant le doute émotionnel nous fait basculer dans l'adversité. Très rapidement, on perd la confiance et le sens de la responsabilité.

— Les enseignements que vous avez retirés de cette expérience littéraire sont déjà très nombreux. Tiphaine et Jean-Marc vont probablement pouvoir confirmer ces acquis, et peut-être en présenter de nouveaux. Les voilà qui arrivent ensemble.

Tiphaine et Jean-Marc : les sorties de conflit en altérité

— Installez-vous. Vous avez lu jusqu'au chapitre 11. Vous avez découvert les issues de l'adversité et de l'altérité. Vous pouvez peut-être dire où vous en êtes maintenant…

À peine assis, Jean-Marc prend la parole. Enjoué, il rejoint la conversation à la volée comme s'il avait assisté aux échanges précédents sur la responsabilité. Il dit s'être approprié le concept de l'altérité au travers des trois issues liées à sa mise en pratique. Il est plutôt volubile et c'est Tiphaine qui exprime les choses plus posément.

— En effet, nous avons résolu notre différend en optant pour la rupture consensuelle. Pour parvenir à cette solution, nous avons l'un et l'autre revisité les différentes options qui se présentaient à nous. Il y a une grande différence entre la manière dont j'imaginais la solution, avant la médiation, et celle que nous avons mise en œuvre. Leur ressemblance est trompeuse. Depuis le début, je voulais rompre. Mais j'étais dans l'optique d'imposer cette rupture. Au cours de nos réflexions, j'ai pu revenir sur cette idée de contraindre Jean-Marc et même, à un moment donné, je n'ai pas exclu de reprendre notre chemin commun.

— C'est ce qui m'a le plus touché, dit Jean-Marc. Initialement, nous étions dans un affrontement où la meilleure des issues aurait été que l'on puisse parler de gagnant-gagnant. Mais dans ce genre de situation, c'est impropre de parler de gagnant ou de perdant.

— C'est vrai. Je ne suis pas pleinement satisfaite de mettre un terme à tous ces projets que nous avions. Mais aujourd'hui, nous avons convenu que nos routes devaient se séparer là. Il est peu probable que nous ayons d'autres relations par la suite. Avec l'aide du modèle structurant de l'altérité, nous avons passé en revue l'ensemble des possibilités.

— J'ai apprécié, enchaîne Jean-Marc, que nous examinions les trois issues de l'adversité dont nous avions une pratique d'excellents compétiteurs. Lorsque l'un l'emportait sur l'autre, c'est-à-dire lorsqu'il dominait, l'autre se soumettait, se résignait. Et parfois, l'un ou l'autre se retranchait, abandonnant le terrain du conflit pour mieux revenir vers l'affrontement. Puis, j'ai compris que ces trois issues m'enfermaient dans le rapport de force, alors que ce n'était pas du tout ce que je voulais. Cet éclairage sur l'altérité, qui offre trois issues que je n'imaginais même pas de pouvoir prospecter, a été salutaire pour moi. Il est vrai que j'ai été rassuré par l'idée que la médiation pouvait permettre la fin du conflit avec la reprise éventuelle de la relation. Ça m'a permis de me laisser accompagner pour mieux écouter Tiphaine.

— Et c'est grâce à cette nouvelle manière de voir les choses que j'ai pu envisager l'aménagement éventuel, sans savoir où ça me conduisait. J'ai pu ne pas l'exclure, parce que c'est logique.

— Dans cette même idée de logique, après avoir désamorcé les émotions conflictuelles et rendu les passions de l'un et l'autre plus audibles, la rupture est devenue une évidence. C'est pourquoi elle ne pouvait être que consensuelle. Aujourd'hui, je pense que lorsque l'on se trouve embarqué par des émotions qui nous dirigent et qui asservissent notre raison, des systèmes d'accompagnement individuels doivent être mis en place pour nous aider à conduire notre réflexion.

— Cela signifie aussi, reprend Tiphaine, que nous devrions envisager quelque chose de plus profond : l'enseignement de cette matière à l'école, sans toutes les interprétations de la psychologie, sans les références à la morale ou au règlement. C'est dès l'enfance que cet apprentissage doit se faire. Et, tout comme la vie est un apprentissage permanent, il doit se poursuivre dans le cadre de la formation continue.

— Tiphaine et Jean-Marc, je vous remercie de cet échange. Ce que vous évoquez, c'est la recherche de la solution la plus satisfaisante possible, ou de la moins insatisfaisante possible. Vous avez constaté qu'en matière de conflits, l'idée de négociation est inappropriée. C'est d'ailleurs probablement l'une des raisons qui fait que les médiations échouent, lorsque les tiers accompagnent des négociations au lieu de déclencher la réflexion et de soutenir l'implication.

— C'est très clair, dit Tiphaine. On ne vient pas à la table des négociations lorsque l'on veut sortir d'un conflit. L'élément émotionnel a tout brouillé. Il ne peut pas y avoir de gagnant-gagnant ni de perdant-perdant, ni de gagnant-perdant. Cette terminologie ne convient qu'au monde du business où les gains et les pertes peuvent être chiffrés.

— C'est en effet une conception marchande de la relation qui ne m'aurait pas permis de me sentir reconnu, ajouta Jean-Marc.

Romain : les quatre courants

Romain, arrivé depuis un petit moment, écoute la discussion. Il fait remarquer qu'il existe plusieurs autres manières de concevoir les relations.

— La conception économique est transversale. Il y a quatre courants, évoqués au cours des pages, qui sont plus structurels. J'imagine que vous avez déjà évoqué le courant juridique pour traiter les conflits. Historiquement, il y a aussi le courant confessionnel. Mais celui que j'ai expérimenté, c'est un courant plus récent qui fait de la personne un objet de diagnostic et de thérapie. C'est le courant « psycho ». Comme beaucoup de gens, j'ai cru que ce discours d'autorité était fondé sur quelque chose de vrai. Et je me suis aperçu qu'en réalité, il m'a fait me disperser dans des considérations de culpabilité et d'accusation. Je m'y engluais. Du fait des discours entendus depuis mon enfance, que je n'avais jamais pensé à remettre en cause, j'avais une grande confiance dans cette représentation de la personne. Or, s'il est habillé d'une terminologie scientifique le plus souvent enrobée d'approximations statistiques, il fonctionne sur les mêmes principes, avec les mêmes rouages que les religions : il faut y croire.

— Tu peux citer un exemple ? demande Noémie.

— Mais oui, le mien. Lorsque j'étais vraiment mal, je suis allé voir un psy. Au lieu de m'apporter une réflexion et de me permettre de sortir de ce tourbillon d'une pensée non maîtrisée, son approche a consisté à faire de la surenchère : il a ajouté des interprétations qui ne résolvaient rien et qui entretenaient ma souffrance. En revanche, les discussions que j'ai eues avec Quentin m'ont permis d'avoir des repères précis sur ma manière de penser. Le moment le plus fort a été pour moi le constat de la maladresse. De la mienne, mais aussi de la maladresse de Denis. Au lieu de fouiller pour pointer les intentions cachées comme le font les spécialistes de l'interprétation psychologique, j'ai compris qu'il fallait améliorer ma communication. J'ai compris qu'il fallait sortir de ces habitudes de fonctionnement qui sont appelées, en médiation professionnelle, le fatalisme fonctionnel. Je vais devoir me plonger un peu plus dans cette pratique, mais déjà, la rigueur rationnelle que j'ai pu observer m'a mis en appétit.

— Toi aussi, comme Tiphaine, tu te retrouves sur le chemin de l'apprentissage, remarque Quentin.

— Merci Romain. Ce que tu viens de dire s'apparente à ce que Nicolas souhaite exprimer à son tour. La discussion sur la qualité relationnelle te permet de te dégager d'une emprise, avec la perspective d'un enseignement. Et Nicolas, lui aussi, va dire sur un autre registre que cette nouvelle discipline lui permet de mieux affirmer sa liberté de décision. Pour l'un comme pour l'autre, c'est d'un affranchissement par rapport à cette servitude volontaire dont il s'agit. Vous expérimentez de manière très concrète ce que La Boétie a conçu au XIVe siècle.

Nicolas : le droit à la médiation

L'auteur est déjà debout, il fait entrer Nicolas qui arrive avec un document à la main.

— Je viens de lire ceci, dit-il. Il y est question du droit à la médiation. J'en ai parlé avec Alain, un ami rencontré dans le train qui revenait de Biarritz. Nous avons eu le temps d'échanger entre Bordeaux et Paris. Quand je lui ai parlé du droit à la médiation, il m'a répondu que tout le monde y avait droit, à la médiation. Il m'a fallu lui expliquer que ce n'est pas ça. C'est un droit qu'il faut concevoir comme le droit à l'éducation ou le droit au logement. C'est un droit opposable. Et en lui expliquant en quoi consiste ce droit à la médiation, j'ai compris que j'allais moi-même dans le sens contraire, dans mon conflit avec Caroline.

— Tu as peut-être fait la distinction, dit Quentin, entre la voie qui consiste à gérer un conflit et celle qui permet de le résoudre.

— Oui. C'est chimérique, cette idée d'aller librement soumettre le traitement d'un différend à un juge.

— Tu veux dire que c'est contraire à l'idée même de liberté.

— Oui, évidemment. C'était le sens de mon propos avec Alain, qui en a fait la stupéfiante découverte. Selon lui, on pouvait aller librement en justice ou en médiation. Il affirmait que l'on ne pouvait pas être contraint à aller en médiation. Mais il a réalisé, au cours de notre échange, que la procédure judiciaire est contraignante dès le départ, au moins pour le défendeur. Et au bout du compte, ce sont tous les protagonistes, demandeur inclus, qui sont contraints lorsque le juge rend sa décision. Celle-ci constitue une deuxième contrainte. À l'opposé, la médiation obligatoire offre un accès à la libre décision. Ce processus structuré, lorsqu'il est conduit par des professionnels, correspond en tout point à l'exigence constitutionnelle de garantir la liberté des personnes.

— C'est fort, ce que tu dis là, intervient Noémie. Lorsque l'on divorce, finalement, le fait d'aller voir un juge est contraire à notre aspiration à la liberté, alors qu'aller voir un médiateur est une garantie réelle de l'exercice de cette liberté. C'est un changement de paradigme, cette idée d'arrêter de confier à d'autres les rennes de notre existence.

— Avant la Révolution française, ajoute Jean-Marc, on ne divorçait pas. Enfin pour divorcer, il fallait une autorisation spéciale. Aujourd'hui, le divorce est encore soumis à un arbitrage. Ce que je comprends de toutes ces discussions, c'est que la confiance dans la citoyenneté n'est pas la règle. Lorsque les gens sont en conflit, il y a une sorte d'empressement à les mettre sous tutelle.

— C'est bien le sens du droit à la médiation, ajoute Quentin. C'est un enjeu de responsabilité et d'implication dans les décisions. Les choix qui en sont issus présentent toutes les garanties de la pérennité.

Quentin : le dispositif de médiation professionnelle interne

— Merci, Quentin. Vous êtes là, quasiment tous réunis dans mon salon, à présenter quelques-uns des intérêts que vous avez pu trouver en vivant cette aventure. Mon éditeur souhaite que les cas présentés dans cet ouvrage concernent plutôt la vie personnelle. Mais mon expérience de médiateur m'a montré que les conflits ont les mêmes ingrédients dans tous les domaines, et les invariants sont les mêmes pour les résoudre.

— Ce que tu veux dire, dit Quentin, c'est que dans les conflits de la vie personnelle, en famille, dans la vie sociale, entre voisins, dans la vie professionnelle, entre collègues, entre subordonné et supérieur hiérarchique, on retrouve les mêmes repères.

— La réponse est oui. En fait, il s'agit de comprendre comment fonctionne une personne, quels sont les mécanismes de la communication humaine. Et pour bien les comprendre, je t'invite à approfondir avec le modèle des stratégies et interactions en communication.

Cette modélisation met en évidence les mécanismes de la communication et les conséquences des phénomènes de surenchère, typiques des conflits.

— Ce qui signifie que la notion de « conflit collectif » serait une appellation, plus qu'une réalité.

— Les conflits collectifs sont le fait d'un ensemble de personnes. Et les relations peuvent changer selon la manière de communiquer des uns et des autres, selon les modalités de fonctionnement des leaders des différents groupes impliqués. Dans une même situation, la relation pourra faire l'objet d'une discussion, d'une négociation, d'une polémique ou d'un conflit.

— Il existe donc des similitudes entre toutes les relations qui se dégradent. Cela implique qu'il ne faut pas être un spécialiste du domaine pour accompagner la résolution du conflit. Par ailleurs, et c'est un autre point fort de ton propos, il ne faudrait pas se laisser berner par l'expression « conflit collectif », car elle cache une réalité simple : un montage conflictuel entre des personnes qui, dans cette situation, n'ont pas su communiquer autrement.

— Cet échange, intervient Tiphaine, renforce la nécessité de développer l'apprentissage. Ce domaine de la qualité relationnelle est habituellement laissé au bon sens et considéré comme acquis très tôt, le jour de la majorité. Je suis désormais convaincue que pour accompagner la résolution de différends entre des personnes adultes, sur le terrain familial ou dans le domaine privé, le système judiciaire n'a rien de pédagogique. La qualité relationnelle est ce qu'il convient de développer parce qu'elle aide les personnes à mieux structurer leur pensée.

— Pour ma part, dit Quentin, j'ai mis du temps à comprendre que cette pratique de la médiation ne me fait pas d'ombre. Auparavant, je pensais que j'étais moi-même médiateur. Ce que l'auteur m'a montré, c'est que la médiation professionnelle est porteuse d'une tout autre vision que ma conception de la médiation. Ce que j'attendais de mon intervention, c'est que mes interlocuteurs acceptent mes exigences ou celles de leur hiérarchie. Pour moi, il fallait que je sache les emballer, faire passer les choses en douceur, éventuellement détourner leur attention en vue d'obtenir leur adhésion. Au final, mon objectif était de les amener à se conformer. Ou sans plus de poésie, de les amener à obéir.

— Tu es en train de mettre en évidence dans un contexte professionnel ce que j'évoquais tout à l'heure dans un contexte personnel, intervient Romain. Cette façon de faire a de grandes ressemblances avec les formes de médiation pratiquées par les trois courants que sont la démarche confessionnelle, la démarche psychologique et la démarche juridique.

— En effet, répond Quentin. Et la qualité relationnelle permet d'avoir une approche très distincte du fonctionnement de l'autorité. En tant que dirigeant, je me sens pris dans cette ambiguïté : obtenir l'obéissance et développer la motivation. Parfois, en contraignant, on obtient encore des résultats. Mais, clairement, on ne peut plus du tout manager des personnes instruites et conscientes d'elles-mêmes comme on peut le faire d'une population sans culture ou dans des situations personnelles difficiles. Dans cette évolution des personnes et des sociétés, la qualité relationnelle enrichit les pratiques managériales. Maintenant, je vois une complémentarité entre mon rôle de décisionnaire et le fait d'intégrer un dispositif de médiation professionnelle interne. Ce dernier permet aux personnes de l'entreprise de restaurer un dialogue en perdition. La démarche est celle d'un processus rationnel au lieu de recourir à la morale, à la soumission au règlement, ou à trouver je ne sais quelles tares aux personnes en conflit. Et puis dans le cas où le dispositif interne ne fonctionnerait pas, quelle qu'en soit la raison, il est toujours possible de faire appel à un médiateur professionnel figurant au tableau officiel[1].

— Tu intègres ainsi la possibilité qu'un salarié de l'entreprise puisse agir sur des conflits internes avec une posture d'indépendance, impartialité, neutralité, et la garantie de la confidentialité. Il interviendrait donc sur des sujets qui pourraient impliquer à la fois des affaires personnelles et des questions professionnelles.

— Oui, l'intérêt de chacun est d'être bien dans son existence. Des personnes contentes, en quête d'améliorer leur quotidien, sont plus motivées que des personnes malheureuses. Depuis les années 1980, on parle de l'entreprise citoyenne parce que l'entreprise a une responsabilité sociétale et une responsabilité environnementale. Elle a aussi, on l'a vu avec le développement des obligations sur la santé et la sécurité des salariés, une responsabilité quant au bien-être des personnes qui y travaillent. L'approche rationnelle que propose la médiation professionnelle est tout à fait adaptée aux besoins de l'entreprise face à ces impératifs.

1. Tableau officiel des médiateurs professionnels publié par la chambre Professionnelle de la Médiation et de la Négociation.

Exercice : votre contrat pédagogique

Ce dernier exercice consiste en l'élaboration d'un contrat pédagogique. En l'occurrence, il s'agit d'un engagement que vous allez prendre avec vous-même. C'est une affaire intime, qui va beaucoup mieux quand elle est clairement énoncée. Pour pouvoir réaliser ce travail, vous pouvez vous reporter utilement aux références bibliographiques proposées dans cet ouvrage. La démarche proposée est la suivante :

- Recherchez dans ce chapitre les éléments essentiels concernant la qualité relationnelle, les phénomènes de dégradation de la relation.
- Identifiez les techniques et outils proposés par cette discipline de la qualité relationnelle.
- Établissez une fiche d'engagement personnel pour faire progresser votre propre communication et développer la qualité relationnelle dans votre entourage.

Conclusion

— Je me souviens d'un matin, dit Quentin, qui commençait bien mal la journée. Il m'a fallu rencontrer cet auteur pour qu'il nous aide, Noémie et moi, à démêler les non-dits, à mieux se comprendre dans nos intentions, à être plus pertinents dans nos reconnaissances réciproques. C'est une discipline. Qu'on la prenne dans un contexte personnel ou professionnel, l'essentiel est d'en avoir fait la découverte.

— Je vous remercie tous, conclut l'auteur, d'avoir contribué de manière aussi personnelle à ces échanges, parfois improbables. Vous avez permis de mettre en scène l'inimaginable discussion : ce dialogue que les médiateurs professionnels animent afin de permettre aux personnes de retrouver le chemin de la confiance pour sortir d'une impasse relationnelle. Un projet durable ne peut pas se dispenser de ces nouveaux repères qui émergent de la lente évolution de la pensée humaine. L'histoire nous montre combien cette recherche balbutie. Dans l'Antiquité, les Grecs et les Romains ont inventé l'art oratoire. Aujourd'hui, l'enseignement de la rhétorique s'est transformé en messages publicitaires. Il a fallu l'émergence de la raison et une modélisation méthodique et rationnelle pour que cette nouvelle discipline soit posée. Au XXIe siècle, pendant que certains agitent l'insécurité sur laquelle ils souhaitent asseoir leur domination, la médiation professionnelle s'ancre sur la confiance qui nous permet de mieux vivre ensemble.

Le rideau tombe, chacun repart dans son imaginaire.

Postface

L'histoire que vous venez de lire rejoint celle de la « médiation professionnelle » qui a ouvert la voie à ma recherche sur la « qualité relationnelle ». Comment la raison peut-elle agir sur nos états émotionnels ? Est-il possible de mettre en œuvre une méthode rationnelle applicable à nos relations ? Ce qui peut sembler *a priori* complexe se révèle en réalité très accessible, sous réserve que nous changions de représentation.

La lecture de cette histoire nous amène à un constat : le chemin de l'adversité et de l'affrontement a beau être pénible, il est plus facile à suivre que celui de l'altérité, de la reconnaissance de la légitimité de l'autre. Toutefois, cela ne signifie pas que cette autre voie soit un sentier désert dans nos relations. Fort heureusement, l'altérité est même la posture la plus fréquemment adoptée, sinon nous serions toujours sur le pied de guerre.

Fin metteur en scène, Fabien Éon vous a placé en position d'observateur dans l'histoire de Quentin. Il vous a relaté des moments de confrontation, dispensé des clins d'œil, des références et des croisements d'idées. Il vous a dévoilé la richesse du sujet en cheminant de la relation agréable à la relation dégradée, jusqu'au conflit le plus navrant.

Le prénom du personnage central, Quentin, n'est pas sans rappeler le « Contr'un » d'Étienne de la Boétie. « Quand'un » se met en scène ou plutôt est mis en scène avec les autres. La Boétie explique que les petites soumissions aliènent jusqu'à celui qui est censé en tirer parti. Fabien Éon raconte que les petites maladresses desservent ceux-là mêmes qui en sont les auteurs. Et tandis que le Contr'un est l'acteur de sa soumission, Quentin est l'acteur de sa propre liberté.

Le travail de Fabien Éon offre un éclairage qui fait œuvre pédagogique. Il souligne cette volonté de se garder des pensées toutes faites, de ces doxas faces auxquelles on est sommé de se taire. Il repose sur la méthode cartésienne, bousculant au passage cet adage de Pascal selon lequel « le cœur a ses raisons que la raison ne connaît point », qui est venu brouiller le repère exigeant de la raison fixé par Descartes.

Il n'existait jusqu'alors aucune discipline spécialisée fondée sur la rigueur scientifique – observation, conceptualisation, reproduction – de ce qui fait la relation interpersonnelle. Deux matières sont proches, mais non spécialisées :

- la psychologie, un creuset d'interprétations des personnes dans lequel les relations ne sont qu'un épiphénomène ;
- la sociologie, qui s'intéresse aux comportements en groupe.

Certes, il y a le droit civil. Mais est-il un moyen efficace de réguler les relations ? Le droit définit les limites de l'acceptable et du répréhensible selon les conceptions d'hier. Il édicte les motivations du passé. Or, une relation n'est pas rigide. Au nom d'expériences vécues comme négatives, contraires à la bienséance, à la probité ou à d'autres repères communs à une époque, il impose des règles. Et les juristes s'affrontent face à la complexité parfois anachronique des différends. C'est un monde de tiers qui vit de l'adversité. Un monde de tiers devenu aussi complexe que sa création, l'organisation judiciaire, elle-même de moins en moins adaptée à rétablir des liens de communication apaisés. La nécessaire évolution des professions du droit me paraît d'actualité…

L'idée de la médiation professionnelle m'a conduit à reposer la question du lien social : devons-nous considérer que la société est fondée sur la gestion de l'adversité entre les hommes ou sur une quête d'altérité ?

Dans le premier cas, l'homme serait un loup pour l'homme, il faudrait vivre en défiance, sinon en méfiance, préparer la guerre pour vivre en paix, et seule une approche gestionnaire de l'agressivité pourrait favoriser la paix sociale ; dans le second cas, la société est mise en œuvre par les humains dans une quête de mieux vivre ensemble.

La paix sociale résulte d'une éducation de la pensée. La confiance doit être mieux enseignée. Le développement de la qualité relationnelle, par l'anticipation de ses processus de dégradation, compose le liant du pacte social. C'est un choix, entre la promotion d'une politique sécuritaire et celle d'une politique porteuse de l'idée de liberté. Néanmoins, même si les conservatismes s'exacerbent parfois, on assiste à des évolutions rassurantes sur tous les plans. Après le renversement du système féodal, la république est ballotée et quelquefois menacée. Toutefois, on n'a jamais cherché autant qu'aujourd'hui à promouvoir l'égalité des droits et à étendre l'exercice des libertés. La médiation professionnelle émerge de ces conquêtes sociales et politiques. Elle ouvre la voie à une nouvelle profession que Fabien Éon nous a présentée en version moderne.

Le parcours a été long jusqu'à clarifier le chemin de Descartes qui a proposé une « méthode pour bien conduire sa raison ». Ce n'est que très récemment que j'ai compris que le travail d'un médiateur professionnel est sur le prolongement du cheminement extraordinaire de Descartes : après avoir maîtrisé des moyens pour mieux conduire sa pensée, et seulement à partir de là, il lui devient possible d'aider les autres à mieux conduire la leur. Ainsi, la posture du médiateur professionnel consiste non pas à tenter de « faire revenir une personne à une position raisonnable », mais à développer une « méthode pour aider les autres à mieux conduire leur pensée ».

C'est à ce jeu que Fabien Éon vous a invité. Il s'est plu à tracer quelques portraits de cette galerie humaine dans laquelle nous ne pouvons que nous reconnaître. C'est une excellente manière de participer à la décennie pour la reconnaissance du droit à la médiation promue par la Chambre Professionnelle de la Médiation et de la Négociation.

Jean-Louis Lascoux
Président de l'EPMN
École Professionnelle de la Médiation
et de la Négociation

Bibliographie

Ouvrages

DESCARTES René,

Discours de la méthode. Pour bien conduire sa raison, et chercher la vérité dans les sciences, Librio, 2013.

Les Passions de l'âme, Le Livre de poche, 1990.

LA BOÉTIE Étienne de, *Discours de la servitude volontaire*, Librio, 2013.

LASCOUX Jean-Louis,

Pratique de la médiation professionnelle. Une méthode alternative à la résolution de conflits, ESF Éditeur, 2013.

Et tu deviendras médiateur… et peut-être philosophe, Médiateurs Éditeurs, 2013.

REBOUL Olivier, *Introduction à la rhétorique. Théorie et pratique*, PUF, 2013.

Webographie

www.cpmn.info : chambre professionnelle de la médiation et de la négociation.

www.epmn.fr : École professionnelle de la médiation et de la négociation.

www.viamediation.fr : réseau de la médiation professionnelle.

www.diapason-mediation.fr : centre de médiation de l'auteur à Paris-La Défense.

www.mediatoroscope.com : journal en ligne officiel de la médiation.

www.wikimediation.org : observatoire international de la médiation.

www.mediateurs.com : annuaire des médiateurs professionnels.

www.lesmatinalesdelamediation.fr : informations sur les événements de la médiation professionnelle.

www.lesespoirsdelamediation.fr : entreprises distinguées pour leur implication dans la qualité relationnelle.

www.etudesic.com : étude SIC®.

cpmn.info/wp/tableau-officiel-des-mediateurs-professionnels : tableau officiel des médiateurs professionnels.

Également dans la collection « Comprendre et agir » :

Juliette Allais,

– *Décrypter ses rêves*

– *La Psychogénéalogie*

– *Au cœur des secrets de famille*

– *Amour et sens de nos rencontres*

Juliette Allais, Didier Goutman, *Trouver sa place au travail*

Dr Martin M. Antony, Dr Richard P. Swinson,
Timide ? Ne laissez plus la peur des autres vous gâcher la vie

Lisbeth von Benedek,

– *La Crise du milieu de vie*

– *Frères et sœurs pour la vie*

Valérie Bergère, *Moi ? Susceptible ? Jamais !*

Marcel Bernier, Marie-Hélène Simard, *La Rupture amoureuse*

Gérard Bonnet, *La Tyrannie du paraître*

Jean-Charles Bouchoux, *Les Pervers narcissiques*

Sophie Cadalen, *Aimer sans mode d'emploi*

Christophe Carré, *La Manipulation au quotidien*

Marie-Joseph Chalvin, *L'Estime de soi*

Cécile Chavel, *Le pouvoir d'être soi*

Claire-Lucie Cziffra, *Les Relations perverses*

Michèle Declerck, *Le Malade malgré lui*

Flore Delapalme, *Le Sentiment de vide intérieur*

Ann Demarais, Valérie White, *C'est la première impression qui compte*

Brigitte Allain Dupré, *Guérir de sa mère*

Sandrine Dury, *Filles de nos mères, mères de nos filles…*

Jean-Michel Fourcade, *Les Personnalités limites*

Laurie Hawkes,

– *La Peur de l'Autre*

– *La Force des introvertis*

Steven C. Hayes, Spencer Smith, *Penser moins pour être heureux*

Jacques Hillion, Ifan Elix, *Passer à l'action*

Mary C. Lamia, Marilyn J. Krieger, *Le Syndrome du sauveur*

Lubomir Lamy,

– *L'amour ne doit rien au hasard*

– *Pourquoi les hommes ne comprennent rien aux femmes…*

Virginie Megglé,

– *Couper le cordon*

– *Face à l'anorexie*

– *Entre mère et fils*

Bénédicte Nadaud, Karine Zagaroli, *Surmonter ses complexes*

Ron et Pat Potter-Efron, *Que dit votre colère ?*

Patrick-Ange Raoult, *Guérir de ses blessures adolescentes*

Daniel Ravon, *Apprivoiser ses émotions*

Thierry Rousseau, *Communiquer avec un proche Alzheimer*

Alain Samson,

– *La chance tu provoqueras*

– *Développer sa résilience*

Dans la collection « Les chemins de l'inconscient », dirigée par Saverio Tomasella :

Véronique Berger, *Les Dépendances affectives*

Christine Hardy, Laurence Schifrine, Saverio Tomasella, *Habiter son corps*

Martine Mingant, *Vivre pleinement l'instant*

Barbara Ann Hubert, Saverio Tomasella, *L'Emprise affective*

Gilles Pho, Saverio Tomasella, *Vivre en relation*

Catherine Podguszer, Saverio Tomasella, *Personne n'est parfait !*

Saverio Tomasella,

– *Oser s'aimer*

– *Le Sentiment d'abandon*

– *Les Amours impossibles*

– *Hypersensibles*

– *Renaître après un traumatisme*

Dans la collection « Communication consciente », dirigée par Christophe Carré :

Christophe Carré,

– *Obtenir sans punir*

– *L'Automanipulation*

– *Manuel de manipulation à l'usage des gentils*

– *Agir pour ne plus subir*

Florent Fusier, *L'Art de maîtriser sa vie*

Hervé Magnin, *Face aux gens de mauvaise foi*

Emmanuel Portanéry, Nathalie Dedebant, Jean-Louis Muller, Catherine Tournier, *Transformez votre colère en énergie positive !*

Pierre Raynaud, *Arrêter de se faire des films*

Dans la collection « Histoires de divan » :

Karine Danan, *Je ne sais pas dire non*

Laurie Hawkes, *Une danse borderline*

Dans la collection « Les chemins spirituels » :

Alain Héril, *Le Sourire intérieur*

Lorne Ladner, *Pratique du bouddhisme tibétain*

Dépôt légal : janvier 2015
Imprimé en Allemagne par BoD

www.ingramcontent.com/pod-product-compliance
Ingram Content Group UK Ltd.
Pitfield, Milton Keynes, MK11 3LW, UK
UKHW021043220726
13924UKWH00006B/2240